300+ co language errors made by English speakers and how to avoid them

by Alain de Raymond

© Alain de Raymond, 2019

All rights reserved

To everyone who supported me while writing this book – especially my parents.

Table of Contents

Introduction: the most common mistakes 9

Chapter 1: get the correct word order 11
1.1 inversion 11
1.2 infinitives and past participles 14
1.3 indirect speech 15
1.4 subordinate clauses 16
1.5 om te 19
1.6 conjunctions 20
1.7 because 21
1.8 extra: if and when 22
1.9 exercises 24

Chapter 2: solve the verb issues 29
2.1 separable verbs 30
2.2 the past tense 36
2.3 the present continuous 38
2.4 verbs like nouns 41
2.5 other verbs 42
    2.5.1 to send and to receive 42
    2.5.2 has 42
    2.5.3 to like, to love, to prefer 43
    2.5.4 to know and to remember 45
    2.5.5 to change 46
    2.5.6 to think 47
    2.5.7 to pay 48
    2.5.8 let's 48
    2.5.9 to buy and to rent 48
    2.5.10 verbs with te and need 49
    2.5.11 to develop 51
    2.5.12 to repeat 51
2.6 exercises 52

Chapter 3: the right prepositions 55
3.1 prepositions with verbs 56
    3.1.1 verbs with aan 56
    3.1.2 verbs with naar 57
    3.1.3 verbs with met 58
    3.1.4 verbs with other prepositions 59
    3.1.5 alternative verbs 60
3.2 prepositions without verbs 61
    3.2.1 before and after 61

3.2.2 dates and time 62
3.2.3 op and in 65
3.2.4 others 67
3.3 exercises 69
Chapter 4: avoid these false friends & acquaintances 73
4.1 false verb friends 73
4.1.1 to do, to make 73
4.1.2 to want 74
4.1.3 to ask 75
4.1.4 to meet 76
4.1.5 to search 77
4.1.6 to live 77
4.1.7 to sign and to draw 78
4.1.8 to wake up 78
4.1.9 to apply 79
4.1.10 to conclude 79
4.1.11 to believe 80
4.1.12 to rule 80
4.1.13 to react 81
4.2 false noun friends 81
4.2.1 classroom 81
4.2.2 meaning 84
4.2.3 coffee 85
4.2.4 song 85
4.2.5 work 87
4.2.6 family 88
4.2.7 glasses 89
4.2.8 character 89
4.2.9 cities and geography 90
4.2.10 series 91
4.2.11 connection 91
4.2.12 youth 91
4.3 other false friends 92
4.3.1 who and how 92
4.3.2 so 93
4.3.3 during, endure 94
4.3.4 clear 95
4.3.5 private 97
4.3.6 right 97
4.3.7 a number of 99
4.3.8 naturally 99

4.3.9 free 100
4.3.10 special 100
4.3.11 camping 101
4.3.12 famous 101
4.3.13 general 102
4.3.14 on top 103
4.3.15 apart 104
4.4 exercises 104
Chapter 5: other common mistakes with adjectives, pronouns and articles 107
5.1 adjectives 107
5.1.1 well 107
5.1.2 a lot of 108
5.1.3 differences, different, other 108
5.1.4 last, ago, past, previous 110
5.1.5 happy 113
5.1.6 half 114
5.1.7 -able 115
5.1.8 hidden 116
5.1.9 foreign 117
5.2 pronouns 118
5.3 nouns & articles 120
5.3.1 het as an article 120
5.3.2 the and this 120
5.3.3 missing articles 120
5.3.4 home 121
5.3.5 same 123
5.3.6 time and times 124
5.3.7 impressions 126
5.3.8 diminutives 127
5.3.9 the plural 128
5.3.10 clothes 129
5.3.11 examples 130
5.3.12 education 130
5.3.13 theory & practice 132
5.3.14 SMEs 132
5.4 others 133
5.4.1 the negative 133
5.4.2 comparative and superlative 134
5.4.3 a lot, much, many 135
5.4.4 only and alone 137

    5.4.5 still, yet, since 139
    5.4.6 all 140
    5.4.7 some 142
    5.4.8 most 142
    5.4.9 numbers 143
    5.4.10 inside, outside 144
    5.4.11 against 145
    5.4.12 concerning 146
    5.4.13 any 146
    5.4.14 something and nothing 147
    5.4.15 politeness 148
  5.5 exercises 149

Chapter 6: pronunciation 153

Chapter 7: exercises 155

Chapter 8: solutions 161

Chapter 9: index 175

Chapter 10: More Dutch 179

The final word – About the author 180

Introduction: the most common mistakes

Hallo!

English speaking students are usually fast learners. Because Dutch is one of the **closest languages to English**, a lot of grammar and many words are similar. After only a few lessons, many students already manage to have basic conversations. It's quite a different story if you learn Chinese or Turkish.

As a Dutch language teacher, it has many advantages because students easily retain. However, as English speaking students go past the absolute beginner's level, they often make typical mistakes. These common mistakes originate from **literal translations** and from copying the same structures from English. That's why I wrote this book, so you can train yourself in those issues that might seem counterintuitive.

Focusing on mistakes may sound negative, but it is part of learning a language. By starting to make them, students are already showing progress because they try new words and grammar. It's up to a student to have a teacher or materials to correct them in time.

The content of this book is based on those mistakes and the questions students ask in my lessons. So the target students are those that can already express themselves and hold basic conversations, at **level A2 or B1**.

To clarify the mistakes, examples are given in a sentence. This will also expand your vocabulary. The sentences are always translated, and the mistakes students make are ~~crossed out~~. The words **in bold** are the right ones.

So in the first chapter, we'll tackle the **word order**. In the second, we'll learn issues related to **verbs**, for example separable verbs. It's followed by a chapter on **prepositions** and finally you'll learn how to avoid many **false friends**. Other issues will be tackled in the next chapter, just before a chapter on **pronunciation**.

You will find exercises at the end of each chapter, as well as general exercises in chapter 7. All the **solutions** are in chapter 8. You may want to write the solutions separately so you can do them again another time.

The mistakes aren't always put in the right chapter because some are related to others. Dutch has countless exceptions. So sometimes, the issues are a bit more complicated than the explanations given in order to keep the book and the solutions as simple as possible.

Happy learning,

Alain

Chapter 1: get the correct word order

Putting the words at the right place in a sentence is one of the biggest challenges for English speakers. Usually, Dutch word order follows the English order, as in:

- I eat something.
- Ik eet iets.

So the structure is: **subject - verb - rest**.

However, there are 7 typical mistakes:

1. Inversion after the first part of the sentence;
2. Infinitives and past participles at the end of the sentence;
3. Indirect speech;
4. Subclauses;
5. The construction 'om te';
6. Conjunctions;
7. The conjunction because.

Let's learn how to use all of them correctly.

1.1 inversion

When you're starting your sentences with anything related to time or place, you have to use inversion. So first the verb, then the subject. Let's see a few examples related to time:

- Now he's ready.
- Nu ~~hij is~~ klaar.
- **Nu** is hij klaar.

- In the morning I drink tea.
- 's Morgens ~~ik drink~~ thee.
- **'s Morgens** drink ik thee.

- Sometimes I think too much.
- Soms ~~ik denk~~ te veel.
- **Soms** denk ik te veel.

- Today I want to work.
- Vandaag ~~ik wil~~ werken.
- **Vandaag** wil ik werken.

Same goes for examples related to space:
- Here you are.
- Hier ~~je bent~~.
- **Hier** ben je.

- In Amsterdam, people speak Dutch.
- In Amsterdam ~~mensen spreken~~ Nederlands.
- **In Amsterdam** spreken mensen Nederlands.

Noticed the comma after Amsterdam? Don't use it in Dutch.

Let's see some other typical examples unrelated to time or space:
- Maybe I'll go for a walk.
- Misschien ~~ik ga~~ wandelen.
- **Misschien** ga ik wandelen.

- Actually, I don't drink.
- Eigenlijk ~~ik drink~~ niet.
- **Eigenlijk** drink ik niet.

- Of course he comes.
- Natuurlijk ~~hij komt~~.
- **Natuurlijk** komt hij.

- About that, I don't want to say anything.
- Daarover ~~ik wil~~ niets zeggen.
- **Daarover** wil ik niets zeggen.

- Then you have a problem.
- Dan ~~jullie hebben~~ een probleem.
- Dan **hebben jullie** een probleem.

Other words do not use inversion:
- But I will do it.
- Maar **ik ga** het doen.

Another point: in English, the adverb of time is sometimes put in between subject and verb. Don't do it in Dutch.
- She often eats at home.
- Ze ~~vaak~~ eet thuis.
- Ze eet **vaak** thuis.
- **Vaak** eet ze thuis.

- I always go there.
- Ik ~~altijd ga~~ naar daar.
- Ik ga **altijd** naar daar.

Additional note: avoid putting 'altijd' at the beginning of sentences:
- Always try something new.
- ~~Altijd probeer~~ iets nieuws.
- Probeer **altijd** iets nieuws.

1.2 infinitives and past participles

Infinitives and past participles belong at the end of the sentence. Some parts are allowed behind the infinitives and past participles, like time and place. Avoid it.
- Jan can't hear the number.
- Jan kan ~~niet horen het nummer~~.
- Jan kan het nummer niet **horen**.

- We haven't done it yet.
- We hebben ~~nog niet gedaan het~~.
- We hebben het nog niet **gedaan**.

- She wants to eat that thing.
- Ze wil ~~eten dat ding~~.
- Ze wil dat ding **eten**.

- We didn't hear the instructions.
- We hebben ~~niet gehoord de instructies~~.
- We hebben de instructies niet **gehoord**.

1.3 indirect speech

When you're using indirect speech in Dutch, use 'of', not als. Of can also mean 'or', but in indirect speech it means 'if' or 'whether'.

- I'm not sure if I want to go.
- Ik weet niet zeker ~~als~~ ik wil gaan.
- Ik weet niet zeker **of** ik wil gaan.

Mind the word order in the sentence following the 'of.' The verbs come at the end. This is the so-called catapult. It 'catapults' the verbs at the end of the sentence.

- Gert asks if she can come with me.
- Gert vraagt ~~als~~ ze ~~kan komen met mij~~.
- Gert vraagt **of** ze met mij **kan komen**.

- He asks if I'm available.
- Hij vraagt ~~als~~ ik ~~ben beschikbaar~~.
- Hij vraagt **of** ik beschikbaar **ben**.

- She decides if he has to come home.
- Ze beslist ~~als~~ hij ~~moet komen naar huis~~.
- Ze beslist **of** hij naar huis **moet komen**.

1.4 subordinate clauses

Subordinate clauses are two different sentences with a different subject and a different verb. After a verb, use 'dat'. This doesn't happen in English.

- I want Peter to drink.
- Ik ~~wil Peter~~ drinkt.
- Ik wil **dat** Peter drinkt.

In subordinate clauses, just like in indirect speech, the verb is catapulted to the end of the sentence. The subject always remains first.

- They say I'm too nice.
- Ze zeggen ~~ik ben~~ te vriendelijk.
- Ze zeggen **dat** ik te vriendelijk **ben**.

- They fear the house isn't good.
- Ze vrezen ~~het huis is~~ niet goed.
- Ze vrezen **dat** het huis niet goed **is**.

- We think he eats too much.
- We denken ~~hij eet~~ te veel.
- We denken **dat** hij te veel **eet**.

When you're using a subordinate clause with a noun, use 'die' for nouns having de as an article. Use 'dat' for nouns having het as an article. In English, who and/or that can be used in this case. Do not use 'wie.'

- The people who/that don't like football aren't here.
- De mensen ~~dat niet houden van voetbal~~ zijn hier niet.
- De mensen **die** niet van voetbal **houden** zijn hier niet.

- That's the man that I met yesterday.
- Dat is de man ~~dat~~ ik ~~ontmoette~~ gisteren.
- Dat is de man **die** ik gisteren **ontmoette**.

- The kid who/that went there, didn't come back.
- Het kind ~~wie ging daar~~, kwam niet terug.
- Het kind **dat** daar **ging**, kwam niet terug.

- The book that I am reading is interesting.
- Het boek **dat** ik aan het lezen **ben** is interessant.

If the subordinate clause has a preposition related to the noun, use waar and attach the preposition.
- The chair you're standing on is brown.
- De stoel ~~jij staat op~~ is bruin.
- De stoel **waarop** je staat is bruin.

- That's the country I speak of.
- Dat is het land ik spreek ~~over~~.
- Dat is het land **waarover** ik spreek.

Mind that some verbs have fixed prepositions. So you'll have to use the waar+preposition in that case:
- The chairs you're always talking about, aren't there.
- De stoelen ~~jij altijd praat over~~, zijn er niet.
- De stoelen **waarover** je altijd praat, zijn er niet. (praten over)

- The tool you worked with, is old.
- Het gereedschap ~~jij werkt met~~ is oud.
- Het gereedschap **waarmee** je werkte is oud. (werken met)

If, however, the noun you're making a subordinate clause about is a person, you can use wie instead.
- The man you love is too young.
- De man ~~jij houdt van~~ is te jong.
- De man **waarvan** je houdt is te jong.
- De man **van wie** je houdt is te jong.

- There are the enemies I'm fighting against.
- Daar zijn de vijanden ik vecht tegen.
- Daar zijn de vijanden **waartegen** ik vecht.
- Daar zijn de vijanden **tegen wie** ik vecht.

1.5 om te

When you're combining a conjugated verb with an infinitive, you use 'to' or 'in order to' in English. If you can translate the 'to' into 'in order to', use 'om te' in Dutch.
- He does the exercises to win.
- Hij doet de oefeningen te winnen.
- Hij doet de oefeningen **om te** winnen.

When you're adding words after the infinitive at the end, they will be placed in between om and te.
- He does the exercises to win the game.
- Hij doet de oefeningen om te de wedstrijd winnen.
- Hij doet de oefeningen **om** de wedstrijd **te** winnen.

- We go to Germany to see our friends.
- We gaan naar Duitsland om te zien onze vrienden.
- We gaan naar Duitsland **om** onze vrienden **te** zien.

You can also use voor te instead of om te, but om te is preferred.
- He studies to get his degree.
- Hij studeert **om** zijn diploma **te** behalen.
- Hij studeert **voor** zijn diploma **te** behalen.

1.6 conjunctions

In English, nothing changes in the word order after a conjunction:
- I eat something **while** she drinks water.

The structure 'subject - verbs - rest' is used before and after the conjunction while.

However, in Dutch, we use the structure: '**subject - rest - verb(s)**' after the following conjunctions:
- als (if, when)
- omdat (because)
- wanneer (if, when)
- toen (when, only to be used with the past)
- terwijl (while)
- zodat (so that, so)

All the verbs simply go to the end of the sentence after the conjunction, they are 'catapulted' to the end of the sentence.
- I eat something while she drinks water.
- Ik eet iets terwijl ze ~~drinkt water~~.
- Ik eet iets **terwijl** ze water drinkt.

- I go to the Netherlands because I want to live there.
- Ik ga naar Nederland omdat ik ~~wil wonen daar~~.
- Ik ga naar Nederland **omdat** ik daar wil wonen.

- I help him so he can travel to China.
- Ik help hem zodat hij ~~kan reizen naar China~~.
- Ik help hem **zodat** hij naar China kan reizen.

In sentences starting with the conjunction, the first part will be the same: subject -rest - verbs. However, the second part's word order will change. It will take the inversion structure: **verb - subject - rest**.

- Even though Myriam still goes to school, she already works in her company.
- Hoewel Myriam nog ~~gaat naar school~~, ~~ze al werkt~~ in haar bedrijf.
- Hoewel Myriam nog naar school gaat, werkt ze al in haar bedrijf.

- When I studied, I played guitar.
- Toen ik studeerde, ~~ik speelde~~ gitaar.
- Toen ik studeerde, speelde ik gitaar.

1.7 because

Because can be translated in many ways in Dutch. First of all, there are two conjunctions: **omdat** and **want**. One big difference is that omdat changes the word order, while want doesn't:

- She learns Dutch because she wants to go to the Netherlands next year.
- Ze leert Nederlands omdat ze ~~wil gaan~~ volgend jaar naar Nederland.
- Ze leert Nederlands **omdat** ze volgend jaar naar Nederland wil gaan.
- Ze leert Nederlands **want** ze wil volgend jaar naar Nederland gaan.

Another difference: you cannot start a sentence with want if you're combining two sentences. In the next sentence, want is only possible if you put it in the middle:

- Because it rains, we go by car.
- **Omdat** het regent, gaan we met de auto.
- ~~Want het regent, gaan we met de auto.~~
- We gaan met de auto **want** het regent.

When because is translated with a noun, using because of, we use **door** in Dutch.

- Because of the rain, we have to go by car.
- ~~Omdat~~ de regen moeten we met de auto gaan.
- ~~Want~~ de regen moeten we met de auto gaan.
- **Door** de regen moeten we met de auto gaan.

1.8 extra: if and when

If (als) and when (wanneer) mean the same in Dutch. Only when asking questions, als can't be used.

- If he goes there, he risks everything.

- **Als** hij daar gaat, riskeert hij alles.
- **Wanneer** hij daar gaat, riskeert hij alles.

- When will he come?
- ~~Als~~ gaat hij komen?
- **Wanneer** gaat hij komen?

To express your profession 'as a …', use als. For 'like', use zoals. But this is not the verb to like (see chapter 2.5.3).
- He works as a doctor.
- Hij werkt ~~zoals~~ een dokter.
- Hij werkt **als** dokter.

- He works like a doctor.
- Hij werkt ~~als~~ een dokter.
- Hij werkt **zoals** een dokter.

- Some people, like Jan, work every day.
- Sommige mensen, ~~als~~ Jan, werken elke dag.
- Sommige mensen, **zoals** Jan, werken elke dag.

1.9 exercises

1.9.1 Put the words in the right order, don't start with the subject

1. ik / naar / later / ga / de stad

___

2. hij / misschien / problemen / heeft

___

3. ze / in / worden / de toekomst / beroemd

___

4. naar / ze / gaan / straks / de opera

___

1.9.2 Put the words in the right order

1. mag / een cadeau / geven / je / mij

___

2. hebt / je / gelezen / de krant

___

3. ook / we / dat / doen / moeten

___

1.9.3 Put the words in the right order

1. weet / het / mogelijk / hij / of / niet / is
   (He doesn't know if it's possible.)

___

2. moet / of / of / gaan / hij / beslissen / niet / we
(He has to decide whether we go or not.)

___

1.9.4 Fill in: die, dat or nothing

1. Dat is een probleem _____ al langer duurt.
2. Jullie denken _____ er geen probleem is.
3. Waar zijn de kinderen _____ luid roepen?

1.9.5 Put the words in the right order

1. is / hij / daar / hoop / ik / dat
   (I hope he's there.)

___

2. zoiets / je / denk / is / goed / dat
   (Do you think such a thing is good?)

___

3. de man / ik / reken / waarop / dat / is
   (That's the man I'm counting on.)

___

1.9.6 Put the words in the right order

1. gaat / om / kopen / naar de bakker / hij / te / brood
   (He goes to the baker's to buy bread.)

___

2. studeert / te / worden / later / arts / ze / om
   (She studies to become a doctor later.)

___

3. naar de wedstrijd / kijken / om / gaan / naar Amsterdam / ze / te
(They go to Amsterdam to watch the game.)

___

1.9.7 Put the words in the right order, start with the conjunction

1. 's nachts / moet / omdat / gaat / school / hij / studeren / Koen / naar

___

2. lees / hij / afwas / terwijl / doet / de / ik

___

3. je / klein / cadeaus / kreeg / toen / je / veel / was

___

1.9.8 Fill in: omdat / want / door

1. Hij gaat naar school ... hij later dokter wil worden.

___

2. Dat was de moeilijkste rit ... de concurrentie.

___

3. ... we vinden er geen.

___

4. De lessen gaan niet door ... de lerares ziek is.

___

1.9.9 Fill in: als / zoals

1. _____ president moet hij veel doen.
2. Veel jobs, _____ die van Jan, zijn erg moeilijk.
3. Hij gaat naar school _____ hij tijd heeft.

1.9.10 Are these sentences correct?

1. De man waarover ik spreek, is jong.
2. Hij weet niet als het juist is.
3. Nu hij denkt dat het weer niet goed is.
4. Om te dat resultaat krijgen, moet je veel werken.
5. Hij verliest altijd de controle wanneer hij niet weet wat te doen.
6. Ze danst een beetje zoals een celebrity.
7. We wachten op de dieren dat in het bos leven.
8. Dat komt omdat de druk.

1.9.11 Find the 7 mistakes (use a dictionary if necessary)

Jan denkt dat de wereld te veel problemen heeft. Om onze wereld te redden, wil hij voor een organisatie werken die helpt armen. De organisaties die Jan wil werken moeten zijn ook niet te groot. Eigenlijk Jan werkt liever alleen. In zijn job moet hij elke dag met heel veel collega's werken. Want het geluid is het moeilijk om zich te concentreren. Omdat mensen hem vaak op zijn telefoon bellen, moet hij dan een andere zaal zoeken. 's Avonds hij is ook moe. Terwijl zijn collega's praten, gaat Jan liever in zijn bureau werken. Hij weet niet of dat een probleem is. Maar als hij voor die organisatie werkt, hij wil niet in een luide omgeving werken.

Chapter 2: solve the verb issues

Verbs are generally speaking very similar to English verbs. There is one big challenge when it comes to learning Dutch verbs: the **separable verbs**. Some verbs sometimes split up, which does not happen in English. So we'll first take a look at those verbs.

Next, there will be topics like the use of the present continuous and the past tense. They can be challenging but can be overcome by practising. For instance, some verbs' vowels change in the past: ik houd (I keep) and ik hield (I kept). These topics aren't entirely different from English.

Finally, individual verbs will be dealt with.

But, for starters, let's review the basic conjugation of a regular verb. Note the conjugations **in bold** for the **present tense**:

- ik werk (I work)
- je werk**t** (you work, in the singular), werk je (with inversion)
- hij / zij / u werk**t** (he/she/you work, you is polite)
- wij / jullie / zij werk**en** (we/you/they work, you is in the plural)

The **past tense** is a conjugation of the verb to have and ge+root+t, this last part, the past participle, doesn't change and some of them end with a d instead of a t. Note that there are many exceptions to form this past participle:

- ik heb gewerkt (I have worked)
- jij hebt gewerkt (you have worked)

- hij heeft gewerkt (he has worked)
- wij / jullie / zij hebben gewerkt (we / ... have worked)

Alternately, you can use the other past tense, the root + te (or de, if the past participle ended with -d):

- ik / jij / hij werkte (I / you / he worked)
- wij / jullie / zij werkten (we / you / they worked)

In English, the distinction between these two past tenses is stronger than in Dutch. In practice, many Dutch speakers do not make a distinction between them.

The **future tense** is a conjugation of the verb gaan or zullen plus the infinitive:

- ik ga werken or ik zal werken (I will work)
- jij / hij gaat werken or / jij / hij zal werken (you / he will work)
- wij / jullie / zij gaan werken or wij / jullie / zij zullen werken (we / you / they will work)

Zullen is a little stronger than gaan. So if you want to emphasise you will really work, use zullen.

2.1 separable verbs

Some of the Dutch verbs are separable, meaning they split up in some cases. This often changes the meaning of the verb. For example, uitleggen means to explain and leggen means to put:

- I put it there.
- Ik **leg** het daar.

- I explain it there.
- Ik **leg** het daar **uit**.

Unfortunately, these separable verbs need to be studied. In the present tense, they split up:
- I explain the problem.
- Ik ~~leguit~~ het probleem.
- Ik **leg** het probleem **uit**.

In the imperative, it also splits up.
- Explain it to me.
- ~~Leguit~~ het me.
- **Leg** het me **uit**.

The first part gets split up and ends up at the end of the sentence. It stays together if you're using it as an infinitive, for example in the future:
- I will explain the problem.
- Ik ga ~~leggen~~ het probleem ~~uit~~.
- Ik ga het probleem **uitleggen**.

In the past tense, -ge- is put in between the first and the second part.
- I have explained the problem.
- Ik heb ~~geüitlegd~~ het probleem.
- Ik heb het probleem **uitgelegd**.

Using conjunctions, the verb is attached again.
- I come along because you don't explain it well.
- Ik ga mee omdat je ~~legt~~ het niet goed ~~uit~~.
- Ik **ga mee** omdat je het niet goed **uitlegt**.

Let's see a few examples of separable verbs:
- The waiter recommends the red wine.
- De ober ~~aanbeveelt~~ de rode wijn.
- De ober **beveelt** de rode wijn **aan**.

- He gets up at 7 o'clock.
- Hij ~~opstaat~~ om 7 uur.
- Hij **staat** om 7 uur **op**.

- They prepare their exercises.
- Ze ~~voorbereiden~~ hun oefeningen.
- Ze **bereiden** hun oefeningen **voor**.

- Add a kilo of flour.
- ~~Toevoeg~~ een kilo bloem.
- **Voeg** een kilo bloem **toe**.

- I'll warm it up in the oven.
- Ik zal ~~warmen het op~~ in de oven.
- Ik zal het **opwarmen** in de oven.

Many cases are a bit more special. To come over, or to pass by is translated as langskomen:
- His friend came over.
- Zijn vriend komt ~~over~~.
- Zijn vriend **kwam langs**.

To depend is afhangen van. Literally, it's translated 'it depends of it.'
- It depends.
- Het hang ~~af van~~.
- **Het hangt ervan af**.

However, if something needs to be added, van is added and er removed.
- It depends on the weather.
- Het hangt ~~ervan af~~ het weer.
- Het hangt af **van** het weer.

The future tense of afhangen van is regular:
- It will depend on him.
- Het zal ~~hangen van hem af~~.
- Het zal van hem **afhangen**.

To be part of in a general sense is translated as 'deel uitmaken van.'

- It's part of the agreement.
- Het ~~is deel~~ van de overeenkomst.
- Het **maakt deel uit van** de overeenkomst.

Een deel zijn van is translated as to be a specific part of.

- It's a part of the agreement.
- Het **is een deel** van de overeenkomst.

Zich inspannen (make an effort) and opspannen (stretch) are separable verbs, but ontspannen (relax) isn't. Notice you can make the verb ontspannen reflexive.

- In the evening, we relax.
- 's Avonds ~~inspannen~~ we.
- 's Avonds **ontspannen** we.
- 's Avonds **ontspannen** we **ons**.

- During the day, we make an effort.
- Overdag ~~ontspannen~~ we ons.
- Overdag **spannen** we **ons in**.

- Stretch your muscles… and relax them now.
- ~~Opspan~~ je spieren… en ~~span ze in~~ nu.
- **Span** je spieren **op**… en **ontspan** ze nu.

To help also takes sometimes 'mee', meaning it becomes a separable verb. There is no difference in meaning though.

- She helps us.
- Ze helpt ons.
- Ze **helpt** ons **mee**.

Voorstellen both means to present and to propose. Presenteren is an alternative for to present, but does not mean to propose.

- Who do you present?
- Wie presenteer je?
- Wie **stel** je **voor**?

- What do you propose?
- Wat ~~presenteer~~ je?
- Wat **stel** je **voor**?

To search sometimes takes 'op', but it doesn't change the meaning of the verb. However, objects related to information will tend to use opzoeken.

- Do you search for the information?
- **Zoek** jij de informatie **op**?
- **Zoek** jij de informatie?

Afleiden means both to distract and to deduct.
- He distracts her.
- Hij **leidt** haar **af**.

- What can you deduct?
- Wat kan je **afleiden**?

When using deduct, use it with uit. What comes after uit is what comes after from in English. If what you deduct is a noun, use this construction:
- I deduct these conclusions from the figures.
- Ik **leid** die conclusies **af** uit de cijfers.

If what you deduct is a sentence, use the construction with dat:
- I deduct from the figures that last year wasn't good.
- Ik **leid** uit de cijfers **af dat** vorig jaar niet goed was.

2.2 the past tense

The past tense in Dutch is comparable to the English past tense. However, mind some verbs have 'to be' as the auxiliary verb:
- He has gone abroad.
- Hij ~~heeft~~ naar het buitenland gegaan.
- Hij **is** naar het buitenland gegaan.

- We have started a new chapter.
- We ~~hebben~~ een nieuw hoofdstuk begonnen.
- We **zijn** een nieuw hoofdstuk begonnen.

- He has forgotten his keys.
- Hij ~~heeft~~ zijn sleutels vergeten.
- Hij **is** zijn sleutels vergeten.

- He has been to the shop.
- Hij ~~heeft~~ naar de winkel geweest.
- Hij **is** naar de winkel geweest.

The past participle of 'to have' is gehad in Dutch. A simple alternative is the simple past: had.
- I had two glasses.
- Ik heb twee glazen ~~had~~.
- Ik heb twee glazen **gehad**.
- Ik **had** twee glazen.

Some irregular past tenses:
- Come: komen - kwam - gekomen
- Ask: vragen - vroeg - gevraagd
- Search: zoeken - zocht - gezocht
- Say: zeggen - zei - gezegd
- Speak: spreken - sprak - gesproken
- Watch: kijken - keek - gekeken
- Be able to: kunnen - kon - gekund

- Think: denken - dacht - gedacht

2.3 the present continuous

The present continuous isn't used as often in Dutch as it is in English. It is only used to stress present actions. It's simply formed by using the verb zijn + aan het + infinitive:
- She's studying.
- Ze is **aan het** studeren.
- Ze **studeert**.

In the past tense, use the past tense of zijn:
- She was studying.
- Ze was **aan het** studeren.
- Ze **studeerde**.

Dutch has other ways to express ongoing actions. One example is when something (as in a noun) is going on. You can use 'aan de gang zijn' or 'bezig zijn' as in:
- The game is going on.
- De wedstrijd ~~gaat nu~~.
- De wedstrijd is **aan de gang**.
- De wedstrijd is **bezig**.

Bezig can be used for many purposes. It stands with nouns but cannot be used as an adjective in front of the noun, as in:

- I'm watching the ongoing game.
- Ik kijk naar de ~~bezige~~ wedstrijd.
- Ik kijk naar de wedstrijd die nu **bezig** is.

Constructions with being busy or doing something can also take 'bezig zijn':
- Are you doing something?
- Ben je iets aan het ~~bezig~~?
- Ben je iets **aan het** doen?
- Ben je ~~iets~~ bezig?
- Ben je **bezig**?

- I'm busy.
- Ik ben **bezig**.
- Ik ben iets **aan het** doen.

And being very busy can't use 'zeer' or 'heel', but 'druk':
- I'm very busy.
- Ik ben ~~zeer~~ bezig.
- Ik ben **druk bezig**.

Druk as a noun means 'pressure' but as an adjective it means 'busy'. As an adjective, bezig is ongoing:
- The square is busy.
- Het plein is ~~bezig~~.
- Het plein is **druk**.

- It's a busy bar.
- Het is een ~~bezige~~ bar.
- Het is een **drukke** bar.

- There's a lot of pressure.
- Er is veel ~~bezig~~.
- Er is veel **druk**.

Busy as 'being occupied' is not translated with bezig or druk. Use 'bezet'.
- The toilet busy.
- Het toilet is ~~bezig~~.
- Het toilet is **bezet**.

When you're using the verb as an adjective, which isn't done as much as in English, use the infinitive + de:
- The studying youngsters will make a career.
- De **studerende** jongeren zullen een grote carrière maken.

An alternative to say 'going on' is verb gaan as an adjective:
- What's going on here?
- Wat ~~gaat~~ hier ~~aan~~?
- Wat gebeurt er hier?
- Wat is hier **gaande**?

If you're using this form of the present continuous and you mean people in general, you can leave out the 'mensen' but don't forget to add the -n at the end:
- The working people don't have a lot of time.
- De **werkende** mensen hebben niet veel tijd.
- De **werkenden** hebben niet veel tijd.

2.4 verbs like nouns

Some nouns can be confusing, because they're used as verbs as well:
- We want to barbecue!
- We willen **barbecueën**!

- Tomorrow, they'll go shopping.
- Morgen gaan ze ~~winkels~~.
- Morgen gaan ze **winkelen**.

- Let's have lunch.
- Laten we **lunchen**.

- They're having a meeting.
- Ze **vergaderen**.
- Ze **hebben** een **vergadering**.

2.5 other verbs

2.5.1 to send and to receive

Sending and receiving are often used. Use sturen or zenden to send. Sturen is used more often. To receive, use ontvangen or krijgen. Krijgen also means 'to get.'

- Rosa sends an email.
- Rosa **zendt** een e-mail.
- Rosa **stuurt** een e-mail.

- I receive two letters.
- Ik **krijg** twee brieven.
- Ik **ontvang** twee brieven.

- I get two letters.
- Ik **krijg** twee brieven.

2.5.2 has

To have (hebben) has one tricky conjugation in the third person.

- It has many advantages.
- Het ~~hebt~~ veel voordelen.
- Het **heeft** veel voordelen.

- He has too many problems.
- Hij ~~hebt~~ te veel problemen.
- Hij **heeft** te veel problemen.

2.5.3 to like, to love, to prefer

Express to like with graag plus a verb. Use hebben if there is no verb. An alternative is houden van. Literally it means to love, but it isn't as strong as English.

- I like Dutch food.
- Ik ~~graag~~ Nederlandse keuken.
- Ik **hou van** de Nederlandse keuken.
- Ik **heb** de Nederlandse keuken **graag**.

When using like with a verb, simply use the verb plus graag. With houden van, use the construction below:

- I like to listen to music.
- Ik ~~graag luister~~ naar muziek.
- Ik luister **graag** naar muziek.
- Ik **hou ervan om** naar muziek **te** luisteren.

To say prefer, use liever plus verb. Same as for graag.

- I prefer jazz.
- Ik ~~liever jazz~~.
- Ik heb **liever** jazz.

- I prefer listening to jazz.
- Ik ~~liever luisteren~~ naar jazz.
- Ik **luister liever** naar jazz.

A stronger way in Dutch is to like the most. It's 'het meest houden van' or 'het liefst hebben' with nouns.

- I like jazz the most.
- Ik ~~het liefst jazz~~.
- Ik **hou het meest** van jazz.
- Ik **heb** jazz **het liefst**.

If what is liked most is a verb, don't forget to use the construction seen above for houden van:
- I like playing jazz the most.
- Ik ~~het liefst spelen~~ jazz.
- Ik **hou er het meest van om** jazz **te** spelen.
- Ik speel **het liefst** jazz.

An alternative for to like, is verkiezen. But this is in a context where you have to choose between different options.
- I prefer beer.
- Ik **verkies** bier.

To feel like is another way to express you like something. Use 'zin hebben in' plus a noun or 'zin hebben om te' with verbs.
- He feels like eating an ice cream.
- Hij heeft **zin in** een ijsje.

- He feels like eating an ice cream.
- Hij heeft **zin om** een ijsje **te** eten.

Graag can be used in other context too. Ik zou graag ... is a polite way to request something. Don't forget to add a verb:

- I would like a tea, please.
- Ik zou graag een ~~thee, alstublieft~~.
- Ik **zou graag** een thee willen, alstublieft.

Another use of graag is 'yes, with pleasure'.

- A tea? Yes, with pleasure.
- Een thee? **Graag**!

2.5.4 to know and to remember

Dutch has two ways to translate the verb to know. Kennen refers to the notion of 'being acquainted with' or 'be familiarised with' and weten refers to factual knowledge. They do not mean the same.

- Do you know the way?
- ~~Weet~~ je de weg?
- **Ken** je de weg?

In almost all cases, the second option below is the right one. If the question is 'are you acquainted with it?', you can answer with the first option.

- I don't know.
- Ik ~~ken~~ het niet.
- Ik **weet** het niet.

- I know about it.
- Ik ~~ken~~ ervan.
- Ik **weet** ervan.

- I don't know her.
- Ik ~~weet~~ haar niet.
- Ik **ken** haar niet.

Weten always takes an object. Use het if in English there isn't any.
- I know.
- Ik ~~weet~~.
- Ik weet **het**.

To remember is onthouden or zich herinneren. Onthouden means more to memorise.
- I can't remember where the church was.
- Ik kan **me** niet **herinneren** waar de kerk was.

- Will you remember the password?
- Ga je het paswoord **onthouden**?

2.5.5 to change

Change is often used in Dutch as well as in English. As with any verbs starting with ver-, it might be a tough one to learn:

- He'll change the address.
- Hij zal het adres **veranderen**.

The noun is de verandering:
- You can't stop changes.
- Je kan de **veranderingen** niet stoppen.

Change as in money you give back, is wisselgeld:
- Keep the change, waiter.
- Hou de ~~verandering~~, ober.
- Hou het **wisselgeld**, ober.

2.5.6 to think

Don't forget the 'dat' if you're adding a sentence after to think:
- He thinks she travels a lot.
- Hij ~~denkt ze~~ veel reist.
- Hij denkt **dat** ze veel reist.

To express the notion 'to think things through', Dutch uses the separable verb 'nadenken.' But denken isn't wrong here:
- He has to think.
- Hij moet **nadenken**.
- Hij moet **denken**.

2.5.7 to pay

Paying and ordering are two separate verbs, just as in English. Ordering can also be used in a business:

- They order something.
- Ze **bestellen** iets.

- Who pays?
- Wie **betaalt**?

2.5.8 let's

Let's is translated as 'laten we', a literal translation:

- Let's go to school.
- **Laten we** naar school gaan.

2.5.9 to buy and to rent

To buy and to sell are connected in Dutch: they're kopen and verkopen:

- I buy clothes and the shop sells them.
- Ik **koop** kleren en de winkel **verkoopt** ze.

Same way renting and renting out function: huren and verhuren.

- I rent a film.
- Ik **huur** een film.

- I rent out a house.
- Ik ~~huur~~ een huis ~~uit~~.
- Ik **verhuur** een huis.

Do not confuse huren with the English verb to hire. To hire means aannemen or rekruteren in Dutch.
- We hire engineers.
- We ~~huren~~ ingenieurs.
- We **nemen** ingenieurs **aan**.

2.5.10 verbs with te and need

Some verbs take a 'te' when they are used with another infinitive. Here are a few common ones:
- They try to understand it.
- Ze proberen ~~het begrijpen~~.
- Ze proberen het **te** begrijpen.

- We start watching.
- We ~~beginnen kijken~~.
- We beginnen **te** kijken.

No te is needed without verb.
- We start the game.
- We beginnen ~~te~~ de wedstrijd.
- We beginnen **de wedstrijd**.

Another example is hoeven, which is always used in the negative.
- You don't need to play.
- Jullie hoeven ~~niet spelen~~.
- Jullie hoeven niet **te** spelen.

Alternatively, you can translate the sentence above simply with moeten.
- You don't need to play.
- Jullie ~~nodig~~ niet spelen.
- Jullie **moet** niet spelen.

When writing a sentence with needing to plus an infinitive, always use moeten. If it's in the negative, you can also use 'hoeven' as in the example above.
- I need to change something.
- Ik ~~nodig~~ iets veranderen.
- Ik **moet** iets veranderen.

However, if you need an object, use nodig hebben. Nodig and hebben are always used together. An alternative is 'nood hebben aan' but it's not used as often.
- I need change.
- Ik ~~moet~~ verandering.
- Ik **heb** verandering **nodig**.
- Ik **heb nood aan** verandering.

2.5.11 to develop

To develop is an often-used word but it can be challenging to remember. The verb is ontwikkelen in Dutch, and developed means ontwikkeld.

- They're developing a new product.
- Ze **ontwikkelen** een nieuw product.

A specific case:

- I've lived in developed and developing countries.
- Ik heb in **ontwikkelde** landen en in **ontwikkelingslanden** gewerkt.

A related word is ingewikkeld, which means complicated and an excellent alternative to 'moeilijk'.

- The manual is too complicated.
- De handleiding is te **ingewikkeld**.

2.5.12 to repeat

To repeat is herhalen, repeteren is to rehearse.

- Can you repeat it?
- Kan je dat ~~repeteren~~?
- Kan je dat **herhalen**?

- Quiet, we rehearse once more.
- Stilte, we ~~herhalen~~ nog een keer.
- Stilte, we **repeteren** nog een keer.

2.6 exercises

2.6.1 Replace the verb in bold with the separable verb at the end. Pay attention to the tense

1. Wat **zie** je? (voorstellen)
2. Hij wil niet **drinken**. (meewerken)
3. Ze **wil** iets. (aanbevelen)
4. We hebben het vlees **gesneden**. (opwarmen)
5. Ze **eten** het avondeten. (voorbereiden)
6. Jullie **zeiden** interessante dingen. (voorstellen)
7. Ik denk dat het **werkt**. (meevallen)
8. Wanneer **begin** je jouw project? (afwerken)
9. Dat zijn de mensen die straks **drinken**. (langskomen)
10. Ze **bekijkt** haar spieren. (opspannen)

2.6.2 Put the sentences in the present continuous

1. Ik ga naar de winkel.
2. Jullie spreken.
3. We luisterden naar muziek.
4. Omdat ik spreek, zwijgen zij.
5. Ze werkten.

2.6.3 Fill in: bezig / druk / bezet

1. Ik kan niet met hem spreken, hij is ... .
2. Het plein is te ... .
3. We zijn ... met de oefeningen.
4. Die plaats is ... .

5. Wanneer is die stoel niet meer … ?

6. Ze hebben geen tijd, ze zijn … .

7. Het zijn … dagen.

8. Ben je met dat project … ?

2.6.4 Fill in: kennen or weten

1. Ik … haar niet.

2. … je waar de kerk is?

3. … ze die mensen?

4. We … niet hoeveel 33 plus 47 is.

2.6.5 Use: nodig hebben / moeten

1. Ik (vertrekken)
   I need to leave.

2. Hij (een potlood)
   He needs a pencil.

3. Wij (oefeningen)
   We don't need exercises.

4. Wij (oefenen)
   We don't need to exercise.

5. Zij (veranderen)
   She needs to change.

6. Jij (een nieuwe uitdaging)
   You need a new challenge

7. Ze (schoenen)
   They don't need shoes.

2.6.6 Are these sentences correct?

1. Zij hebt hem graag.
2. Ontspan je spieren.
3. Waarmee ben je bezig?
4. Kan je me die e-mails krijgen?
5. Hij probeert hem begrijpen.
6. Dat stuk maakt deel uit van de auto.
7. Het hangt af van.
8. We meewerken.
9. Heb je dat al vergeten?
10. Ik wil liever naar Italië.
11. Heb je de code niet onthouden?
12. Ze denken hij rijk is.
13. We huren nieuwe collega's.

2.6.7 find the 8 mistakes

Josephine is al maanden Nederlands aan leren. Ze leert graag talen, maar ze heeft veel oefeningen nodig. Vele mensen denken Nederlands leren eenvoudig is. Als je geen Duits of Engels weet, moet je veel repeteren. Zeker als je begint te leren. Josephine gaat liever winkelen. Dan is ze wel alle nieuwe woorden vergeten. Omdat ze van talen houdt, heeft ze altijd zin in nieuwe dingen te leren. Dus combineert ze de twee: ze winkelt in het Nederlands. Nadat ze naar de winkel heeft gegaan, heeft ze veel geleerd. Ze probeert altijd haar nieuwe woorden gebruiken. Naar welke winkels ze gaat? Het hangt van de stad af. De mensen in de winkels uitleggen haar hoe ze haar kleren kan combineren.

Chapter 3: the right prepositions

Prepositions are words like at, to, about, with and many others. In general, you can simply translate them from English into Dutch. So start by finding the main translation(s) for each preposition:

1	at	a	met
2	about	b	na
3	for	c	op / aan
4	with	d	uit
5	to	e	door
6	against	f	op
7	in	g	voor
8	out	h	over
9	into	i	naar
10	on	j	tegen
11	by	k	van
12	from	l	in
13	of	m	aan
14	off	n	door
15	up	o	
16	after	p	

Solutions: 1m, 2h, 3g, 4a, 5i, 6j, 7l, 8d, 9l, 10c, 11e, 12k, 13k, 14d, 15f, 16b

As you can see, Dutch prepositions may seem simpler than their English equivalents: there are fewer of them in the list above.

However, there are many subtleties to learn. For example, the difference between op and aan as a translation of 'on': op means physically on top of, aan means the rest. On the table would be op. On the inside uses aan.

Let's see a number of verbs taking prepositions. Some verbs have other prepositions than their English counterparts, others do not even have a preposition in English.

3.1 prepositions with verbs

3.1.1 verbs with aan

Denken uses aan as a preposition to replace of in English.

- I'm thinking of Ghent.
- Ik denk ~~van~~ Gent.
- Ik denk **aan** Gent.

Zeggen, to say, has multiple options: aan, tegen or nothing. They all mean the same.

- She says it to him.
- Ze zegt het ~~naar~~ hem.
- Ze zegt het **aan** hem.
- Ze zegt het **tegen** hem.
- Ze zegt het hem.

Asking can take multiple prepositions but the meaning changes. Use aan for asking something directly to a person, use nothing or naar to translate 'for' or nothing.

- You ask something to your partner.
- Je vraag iets ~~naar~~ je partner.
- Je vraagt iets **aan** je partner.

- They ask (for) beer, not (for) wine.
- Ze vragen ~~voor~~ bier, niet ~~voor~~ wijn.
- Ze vragen bier, geen wijn.
- Ze vragen **naar** bier, niet **naar** wijn.

- She asks for her dad.
- Ze vraagt ~~voor~~ haar vader.
- Ze vraagt **naar** haar vader.
- Ze vraagt haar vader.

You can use voor in case you're asking on someone else's behalf.
- She asks a present for her friend.
- Ze vraag een cadeau **voor** haar vriend.

3.1.2 verbs with naar

Many often-used verbs take the fixed preposition naar. To watch (kijken naar), doesn't take a 'to' in English. However, to come (komen naar), to go (gaan naar) and to listen (luisteren naar) use to in English. Don't leave the naar out, it's incorrect.

- We're watching the game.
- We ~~kijken de~~ wedstrijd.
- We kijken **naar** de wedstrijd.

- I come to the Netherlands.
- Ik kom **naar** Nederland.

- They're going to France.
- Ze gaan **naar** Frankrijk.

- We listen to the radio.
- We luisteren **naar** de radio.

To look for or to search is translated with zoeken, but takes 'naar' or nothing. An alternative is 'op zoek zijn naar', meaning to be on the lookout for.

- I look for my wallet. / I search for my wallet.
- Ik zoek ~~voor~~ mijn portefeuille.
- Ik zoek mijn portefeuille.
- Ik zoek **naar** mijn portefeuille.
- Ik **ben op zoek naar** mijn portefeuille.

3.1.3 verbs with met

Some verbs simply follow their literal translation.

- He plays with his toys.

- Hij speelt **met** zijn speelgoed.

- We speak with the boss.
- We spreken **met** de baas.

- We speak about his car.
- We spreken **over** zijn auto.

- I talk with my sister.
- Ik praat **met** mijn zus.

However, use praten tegen for a one-way conversation. So if you're only ordering kids to do something, it's tegen. When there's a dialogue, use praten met.

- I talk with my dog.
- Ik praat ~~met~~ mijn hond.
- Ik praat **tegen** mijn hond.

3.1.4 verbs with other prepositions

Houden means to keep, houden plus the preposition van means to love.

- He loves her.
- Hij ~~houdt haar~~.
- Hij houdt **van** haar.

- He keeps it.
- Hij houdt ~~van~~ het.
- Hij houdt het.

Always use van as a preposition of genieten, to enjoy.
- Do you enjoy the weather?
- Genieten ~~jullie het~~ weer?
- Genieten jullie **van** het weer?

Translate to succeed or to pass with slagen voor.
- They pass the exam.
- Ze ~~slagen het~~ examen.
- Ze slagen **voor** het examen.

3.1.5 alternative verbs

There are some alternative verbs without preposition. An example is bekijken instead of kijken naar. However, bekijken means 'to watch, to inspect, to take a closer look.'
- I watch the television.
- Ik **bekijk** de televisie.
- Ik **kijk naar** de televisie.

Spreken and bespreken is another example. Bespreken is 'to talk about', or 'to talk about in detail.'

- We talk about that text.
- We **bespreken** die tekst.
- We **spreken over** die tekst.

3.2 prepositions without verbs

Let's have a look at the prepositions standing with nouns and others.

3.2.1 before and after

Before and in front of are the same in Dutch: use voor.

- Before the break, we study.
- ~~Bevoor~~ de pauze studeren we.
- **Voor** de pauze studeren we.

- She sits in front of the chair.
- Ze zit ~~in voor van~~ de stoel.
- Ze zit **voor** de stoel.

However, after and behind are no synonyms. Use achter as behind.

- She sits behind the chair.
- Ze zit **achter** de stoel.

When after is in front of a noun, use na. When in front of a sentence, use nadat.

- After the break, we continue.
- ~~Nadat~~ de pauze doen we voort.
- **Na** de pauze doen we voort.

- After eating, we wash our hands.
- ~~Na~~ we eten, wassen we onze handen.
- **Nadat** we eten, wassen we onze handen.

Afterwards or after that is expressed as daarna or erna. Mind the inversion.

- And afterwards, they'll come back.
- En ~~na~~ komen ze terug.
- En **erna** komen ze terug.
- En **daarna** komen ze terug.

3.2.2 dates and time

Hours use om, dates op, months in and years in. Years and months are written without capital letters. Also: months are very similar to English, but don't forget August is augustus.

- We go on Sunday at 15:00.
- We gaan ~~aan~~ zondag ~~aan~~ 15 uur.
- We gaan **op** zondag **om** 15 uur.

- In August, it doesn't rain.
- In ~~august~~ regent het niet.
- **In** augustus regent het niet.

Simplify dates: say negen september (nine September). Alternatively, you can say de negende september.
- Is it the fourth of July?
- Is het de vierde ~~van~~ juli?
- Is het **vier juli**?
- Is het **de vierde juli**?

Translate from… till… by van… tot… . But when you're only using from… with time, use vanaf.
- From tomorrow on, we work.
- ~~Van~~ morgen werken we.
- **Vanaf** morgen werken we.

- From tomorrow till Friday, we work.
- ~~Vanaf~~ morgen tot vrijdag werken we.
- **Van** morgen **tot** vrijdag werken we.

However, to say from… to… with places, use naar. Tot is also correct, but you're stressing the traveling time when using it.
- I travel from the Netherlands to Belgium.
- Ik reis van Nederland **naar** België. (stressing place)
- Ik reis van Nederland **tot** België. (stressing time)

In English, one uses to with hours as in from… to… but in Dutch tot is kept.

- I work from 9 to 5.
- Ik werk van 9 ~~naar~~ 5.
- Ik werk van 9 **tot** 5.

To express 'every' as in once plus a time period, use elke or om de.

- I go every two weeks.
- Ik ga ~~per~~ twee weken.
- Ik ga **elke** twee weken.
- Ik ga **om de** twee weken.

To express multiple times and a time period, use per.

- Three times a week, I do sports.
- Drie keer ~~een~~ week sport ik.
- Drie keer **per** week sport ik.

To express during, use gedurende or tijdens.

- He rests during the break.
- Hij rust ~~duren~~ de pauze.
- Hij rust **gedurende** de pauze.
- Hij rust **tijdens** de pauze.

In the evening and in the morning aren't to be translated literally. Use 's avonds and 's morgens.

- In the evening, we go out.
- ~~In de avond~~ gaan we uit.
- **'s Avonds** gaan we uit.

- I eat breakfast in the morning.
- Ik eet een ontbijt ~~in de morgen~~.
- Ik eet een ontbijt **'s morgens**.

At noon and in the night use the same structure:
- 12 at noon or in the night?
- 12 uur ~~aan middag~~ of ~~in de nacht~~?
- 12 uur **'s middags** of **'s nachts**?

3.2.3 op and in

Op literally means in Dutch 'being physically on top of something else', as in:
- The book is on the cupboard.
- Het boek is **op** de kast.

However, there are a few exceptions. For instance, being at school or at the office is translated with op. Do not use the article.
- Mom's at the office and my brother is at school.
- Mama is ~~aan het~~ kantoor en mijn broer is ~~aan~~ school.
- Mama is **op** kantoor en mijn broer is **op** school.

If you're using in, it means they're inside the building.
- Are the parents in the school or are they in the office?
- Zijn de ouders **in** de school of zijn ze **in** het kantoor?

Same goes for the street.
- Kids, watch out when you're on the street!
- Kinderen, pas op als je ~~in de~~ straat bent.
- Kinderen, pas op als je **op** straat bent!

At the end can be translated with op and aan. However, op means at a specific point and aan is less specific, like 'near' the end.
- He stops at the end of the street.
- Hij stopt **op** het einde van de straat.
- Hij stopt **aan** het einde van de straat.

However, in the end is never translated with in in Dutch. You can also use uiteindelijk, which literally means finally.
- In the end we found a solution.
- ~~In~~ het einde vonden we een oplossing.
- **Op** het einde vonden we een oplossing.
- **Uiteindelijk** vonden we een oplossing.

One stranger way to express 'visiting' is 'being on a visit', op bezoek zijn.
- My family is visiting us.
- Mijn familie is **op** bezoek.

In this way uses op too, even if in is left out.
- Do it this way.
- Doe het ~~in~~ deze manier.
- Doe het **op** deze manier.

On this level is with op too.
- I can't work on this level.
- Ik kan ~~aan~~ dit niveau niet werken.
- Ik kan **op** dit niveau niet werken.

3.2.4 others

To express transportation methods, use met. Only by foot is translated with te.
- They go by car and we go by foot.
- Ze gaan ~~bij~~ de auto en wij gaan ~~bij~~ voet.
- Ze gaan **met** de auto en wij gaan **te** voet.

When you're saying the amount of people present, use met.
- We are four.
- We ~~zijn vier~~.
- We zijn **met** vier.

If there is a noun after the number, no met is needed.
- We are four friends.
- We zijn vier vrienden.

Wind directions use van.
- It's nice in the east of the Netherlands.
- Het is mooi in het oosten **van** Nederland.

Between is a challenging word: tussen.
- There isn't much space between the two houses.
- Er is niet veel ruimte **tussen** de twee huizen.

Even if the second one isn't false, try to drop the 'van' after soorten or soort. It is more common, so it sounds more natural.
- I have two kinds of friends.
- Ik heb twee soorten ~~van~~ vrienden.
- Ik heb twee soorten vrienden.

To be on the phone is translated with 'aan', you can also use aan de lijn. Op de telefoon means you are literally sitting or standing on a phone:
- I'm on the phone!
- Ik ben ~~op~~ de telefoon!
- Ik ben **aan** de telefoon!
- Ik ben **aan** de lijn!

3.3 exercises

3.3.1 Fill in the prepositions (more than one solution is possible)

Voor, met, over, tegen, aan, naar, nothing

1. We kijken _____ de kat.
2. We gaan _____ Antwerpen.
3. Ze komen _____ Nederland.
4. Ik zoek _____ mijn sleutels.
5. Hij praat _____ zijn buurvrouw.
6. Jan speelt _____ de kinderen.
7. Ik zeg het _____ Pieter.
8. Zij luisteren _____ muziek.
9. Jullie houden _____ lekker eten.
10. We vragen het menu _____ de ober.
11. Kunnen jullie spreken _____ de leraar?
12. De studenten genieten _____ het weer.
13. Zullen ze slagen _____ het examen?
14. Spreken jullie al _____ de winter?
15. Vragen we _____ Jonas of _____ Joris?

3.3.2: Fill with a preposition

1. Hij werkt van 9 _____ 5.
2. Wat doe je _____ zondag?
3. Hoeveel mensen zijn er in jullie groep? We zijn _____ vijf.
4. Tijdens de zomer gaan we _____ vakantie.
5. Vandaag werk ik _____ kantoor.

6. _____ het einde van de pagina zie je de interessante cijfers.
7. Mijn ouders zijn _____ bezoek.
8. Het regent in het westen _____ het land.
9. De vakantie begint _____ juli.
10. Hij was moe _____ het einde van de wedstrijd.
11. Mijn kinderen zijn _____ school, toch?
12. We spreken af _____ 4 uur.
13. Hij probeert Nederlands te spreken _____ straat.

3.3.3 Fill in: daarna, na, nadat

1. Ze is vertrokken _____ ze de brief heeft gestuurd.
2. En _____ kwamen we.
3. Ach, _____ de winter gaan we op vakantie.
4. Ik kom _____ je vertrokken bent.
5. Eerst zeg je dit en _____ zeg je dat!
6. Ik ga naar huis _____ de les.
7. _____ het werk drink ik water.
8. Ik begreep het _____ de uitleg.
9. Misschien _____ je jouw huiswerk hebt gemaakt?
10. Hij werkte en _____ sliep hij.

3.3.4 Are these sentences correct?

1. Ze zijn vijf hier.
2. Ik vraag de rekening naar de ober.

3. Om de twee weken ga ik na het werk naar de fitness.
4. Geniet de vakantie!
5. Die mensen zijn op zoek naar een crimineel.
6. Op 6 oktober om 8 uur in 2010 was het koud.
7. In voor van mijn bureau zit Anne.
8. We kijken naar de sportman.
9. Neen, je moet in deze manier werken.
10. Ze bespreken het probleem.

3.3.5 Find the 7 mistakes

Op de vierde august ga ik naar een feest. Ik zeg dan naar mijn vrienden waar we gaan. We gaan zeker drie of vier keer per maand uit. In de avond kan ik niet stil blijven, ik wil dansen! Ik volg ook een cursus salsa, en dat is op een hoog niveau. Ik volgde lessen van juni tot oktober. Ik slaagde de test in het einde van het jaar, en nu wil ik op bars gaan waar salsa is. Ik zoek wel nog een danspartner. Misschien kan ik daarna meer dansen, en laat ik mijn vrienden gerust in het weekend. Zij houden meer tango.

Chapter 4: avoid these false friends & acquaintances

Because the languages are so close to each other, Dutch and English have many false friends, or so-called false cognates. These are words you might think mean the same because they look similar. However, they have a different meaning. Let's see the most common ones.

4.1 false verb friends

4.1.1 to do, to make

Doen and maken are similar to the verbs to do and to make in English.

- I do my homework.
- Ik **doe** mijn huiswerk.

- They make tables.
- Ze **maken** tafels.

In English, to do is also used in negative sentences and to ask questions. Don't use to do in these contexts. Only use to do if you can replace it by another verb.

- They don't understand it.
- Ze ~~doen niet~~ het begrijpen.
- Ze **begrijpen** het niet.

- Do we drink something tonight?
- ~~Doen~~ we iets ~~drinken~~ vanavond?
- **Drinken** we iets vanavond?

To stress the verb, English can also use to do. In Dutch, use wel, which is not a verb.
- They do understand it.
- Ze ~~doen~~ begrijpen het.
- Ze begrijpen het **wel**.

4.1.2 to want

To express the future tense, use gaan or zullen. Do not use willen, which means to want.
- He will live in Belgium.
- Hij ~~wil~~ in België leven.
- Hij **gaat** in België leven.
- Hij **zal** in België leven.

- You want another game.
- Je **wil** nog een spel.

To express 'would' use zou. It's zouden in the plural.
- He would live in Belgium.
- Hij ~~zal~~ in België leven.
- Hij **zou** in België leven.

4.1.3 to ask

To ask is translated as vragen.
- He asks where the house is.
- Hij **vraagt** waar het huis is.

The noun is 'de vraag', the question, so the plural is the same as the verb to ask:
- Do you have questions?
- Heb je **vragen**?

However, you can't combine the two. Use stellen instead:
- They ask too many questions.
- Ze ~~vragen~~ te veel vragen.
- Ze **stellen** te veel **vragen**.

Questioning has two meanings: to interrogate someone, or to express doubts. In Dutch, we use two different verbs. Ondervragen is used to interrogate, in vraag stellen is used to express your doubts. Do not forget the 'in' when expressing your doubts.
- He questions the witness.
- Hij **ondervraagt** de getuige.
- Hij stelt de ~~getuige vraag~~.
- Hij **stelt** de getuige **in vraag**.

Een kwestie is a matter, as in something to be discussed. Een vraag is a question.
- It's a question of time before he comes back.
- Het is een ~~vraag~~ van tijd voor hij terugkomt.
- Het is een **kwestie** van tijd voor hij terugkomt.

4.1.4 to meet

Ontmoeten is meeting for the first time.
- She'll meet him for the first time.
- Ze gaat hem **ontmoeten**.

However, if it's not the first time, use zien or afspreken.
- I'll meet my friends at 7.
- Ik ~~ontmoet~~ mijn vrienden om 7 uur.
- Ik **zie** mijn vrienden om 7 uur.
- Ik **spreek** met mijn vrienden **af** om 7 uur.

With zien, you can also add 'elkaar', as in seeing each other.
- We meet tomorrow.
- We **zien elkaar** morgen.

4.1.5 to search

Zoeken means to search, bezoeken means to visit.

- I look for the telephone.
- Ik ~~bezoek~~ de telefoon.
- Ik **zoek** de telefoon.

- Will they visit the museum?
- Gaan ze het museum ~~zoeken~~?
- Gaan ze het museum **bezoeken**?

4.1.6 to live

Leven is written with a v in the infinitive. However, in the singular, an f appears and is pronounced like an f.

- Our family lives in the US.
- Onze familie ~~leevt~~ in de VS.
- Onze familie **leeft** in de VS.

As a noun, it is translated as het leven with a v.

- That's my whole life.
- Dat is mijn hele ~~lefen~~.
- Dat is mijn hele **leven**.

4.1.7 to sign and to draw

To sign is handtekenen, ondertekenen or tekenen, to draw can only be translated by tekenen.

- You have to sign here.
- U moet hier **handtekenen**.
- U moet hier **tekenen**.

However, handtekening only means signature and tekening only means drawing.

- Is this your signature?
- Is dit uw ~~tekening~~?
- Is dit uw **handtekening**?

- That's my son's drawing.
- Dit is de ~~handtekening~~ van mijn zoon.
- Dit is de **tekening** van mijn zoon.

Onderschrijven is to endorse.
- I endorse their programme.
- Ik ~~onderteken~~ hun programma.
- Ik **onderschrijf** hun programma.

4.1.8 to wake up

To wake up is wakker worden, literally to become awake. To translate to wake up someone else, use wakker maken.

- I wake up at 9 o'clock.
- Ik ~~wakker~~ om 9 uur.
- Ik **word** om 9 uur **wakker**.

- Wake him up!
- ~~Wakker~~ hem!
- **Maak** hem **wakker**!

4.1.9 to apply

To apply for a job is solliciteren.
- I apply for that position.
- Ik ~~appliciteer~~ voor die positie.
- Ik **solliciteer** voor die positie.

4.1.10 to conclude

To conclude can be translated with the verb concluderen.
- The police conclude that it was an accident.
- De politie **concludeert** dat het een accident was.

Conclude can also be translated as afsluiten, but only when it means to finish or to wrap up. Not in the sense of deducting conclusions.
- Can you conclude the presentation?
- Kan jij de presentatie **concluderen**?
- Kan jij de presentatie **afsluiten**?

- What can you conclude from the evidence?
- Wat kan je ~~afsluiten~~ van het bewijsmateriaal?
- Wat kan je **concluderen** van het bewijsmateriaal?

Afsluiten or sluiten can also be used as in 'to close'.
- He will close the building.
- Hij zal het gebouw ~~concluderen~~.
- Hij zal het gebouw **afsluiten**.

4.1.11 to believe

Beloven and to believe start the same, but they have a different meaning.
- He believes it's something good.
- Hij ~~belooft~~ dat het iets goeds is.
- Hij **gelooft** dat het iets goeds is.

- We promise to come.
- We ~~geloven~~ te komen.
- We **beloven** te komen.

4.1.12 to rule

Een regel is a rule.
- We have rules here!
- We hebben **regels** hier!

The verb to rule is heersen.
- The king rules.
- De koning ~~regelt~~.
- De koning **heerst**.

Regelen, however, is to arrange.
- Let's arrange a date.
- Laten we een datum **regelen**.

4.1.13 to react

To react is reageren, een reactie is a reaction.
- They react too fast.
- Ze ~~reacteren~~ te snel.
- Ze **reageren** te snel.

- That's a good reaction.
- Dat is een goede **reactie**.

4.2 false noun friends

4.2.1 classroom

Klas is a space and not a lesson.
- Where's the classroom?
- Waar is de **klas**?

- Today's a grammar lesson.
- Vandaag is het een ~~grammaticaklas~~.
- Vandaag is het een grammatica**les**.

- Do you have class in the afternoon?
- Heb je ~~klas~~ in de namiddag?
- Heb je **les** in de namiddag?

Course is simply cursus.
- The course is interesting.
- De ~~koers~~ is interessant.
- De **cursus** is interessant.

Een koers is a race, as a competition.
- Do you watch the race?
- Kijk jij naar de **koers**?

Room can be translated in different ways. Lokaal is a class where teachers teach. You can also use klas in this case:
- The students go to the room.
- De studenten gaan naar de ~~ruimte~~.
- De studenten gaan naar het **lokaal**.

A room in a house is kamer. It can be combined with other words, like slaapkamer (bedroom) or badkamer (bathroom).

- Kid, go to your room!
- Kind, ga naar jouw ~~ruimte~~!
- Kind, ga naar jouw **kamer**!

A room at work can be a 'ruimte' or a 'zaal.' Zalen are bigger than ruimtes.
- This room is for you.
- Deze **ruimte** is voor jou.
- Deze **zaal** is voor jou.

Spot as in place, is plaats.
- This is your spot.
- Dit is jouw **plaats**.

Meeting spaces use the combination of ruimte or zaal with vergader-.
- The meeting room is available.
- De ~~vergaderkamer~~ is vrij.
- De **vergaderzaal** is vrij.
- De **vergaderruimte** is vrij.

Ruimte also means space.
- There is no space in the room.
- Er is geen **ruimte** in de kamer.

Ruimte also means outer space.
- The astronaut is in outer space.
- De astronaut is in de **ruimte**.

4.2.2 meaning

Mening in Dutch doesn't mean meaning, it means opinion.
- He has an interesting opinion.
- Hij heeft een interessante **mening**.

How do you translate meaning? With betekenis or bedoeling. Bedoeling is a purpose or a goal, betekenis is the explanation you find in a dictionary.
- What's the meaning of this word?
- Wat is de ~~mening~~ van dit woord?
- Wat is de **betekenis** van dit woord?

- It's my purpose to get it done.
- Het is mijn ~~mening~~ om het af the werken.
- Het is mijn **bedoeling** om het af te werken.

The verb menen is used to express an opinion:
- He thinks it's a good idea.
- Hij **meent** dat het een goed idee is.

- I mean it!
- Ik **meen** het!

Use bedoelen for intentions or purposes.
- I don't mean it like this.
- Dat ~~meen~~ ik niet zo.
- Dat **bedoel** ik niet zo.

Betekenen is related to meaning as in literal signification.
- What do these signs mean?
- Wat ~~menen~~ die tekens?
- Wat **betekenen** die tekens?

4.2.3 coffee

Koffie and café aren't the same. Koffie you can drink with milk, café is a bar.
- Do you want coffee?
- Wil je ~~café~~?
- Wil je **koffie**?

- It's a nice bar.
- Het is een leuke ~~koffie~~.
- Het is een leuk **café**.

4.2.4 song

A song is een liedje. You can also use it without the diminutive: een lied. The plural is liedjes for the diminutive and liederen without the diminutive.

- Do you know this song?
- Ken je dit ~~zong~~?
- Ken je dit **liedje**?

Chants, on the other hand, are gezangen.
- Do you hear those chants too?
- Hoor je die **gezangen** ook?

Singers can be both male (zanger) and female (zangeres).
- He's a good singer.
- Hij is een goede ~~zangeres~~.
- Hij is een goede **zanger**.

- She's a good singer.
- Ze is een goede ~~zanger~~.
- Ze is een goede **zangeres**.

The present tense of to sing is zingen, the past zong.
- He sings too much.
- Hij **zingt** te veel.

- He sang too much.
- Hij ~~zang~~ te veel.
- Hij **zong** te veel.

4.2.5 work

A few false friends related to work.

Even if some Dutch-speaking persons use 'office' in their day-to-day life, bureau or kantoor are the right words. Kantoor refers to the building, or the office in the figurative sense.

Bureau can be both kantoor and your personal space where your desk is located. Usually, being at your office is translated as 'op kantoor zijn.' Note there is no article.

- I'm at the office.
- Ik ben ~~op de office~~.
- Ik ben **op kantoor**.

- I'm in my office.
- Ik ben in mijn ~~office~~.
- Ik ben in mijn **bureau**.

A desk is also a bureau.
- Are we going to buy my desk?
- Gaan we mijn **bureau** kopen?

Subsidiaries and parent companies are female: mother and daughter.

- She works at the subsidiary, I work at the parent company.
- Ze werkt bij het dochterbedrijf, ik werk voor het ~~ouder~~bedrijf.
- Ze werkt bij het **dochterbedrijf**, ik werk voor het **moederbedrijf**.

Directie is the management, richting is direction.

- We're in the right direction.
- We zijn in de juiste ~~directie~~.
- We zijn in de juiste **richting**.

- The management doesn't want it.
- De **directie** wil het niet.
- Het **management** wil het niet.

4.2.6 family

Cousins have two translations. Men are called neef, women nicht. Nephew and niece use the diminutives.

- My cousin works in my company.
- Mijn **neef** werkt in mijn bedrijf.
- Mijn **nicht** werkt in mijn bedrijf.

- His nephew is only eight.
- Zijn ~~neef~~ is maar acht jaar oud.
- Zijn **neefje** is maar acht jaar oud.

- The niece went to bed.
- Het ~~nicht~~ ging naar bed.
- Het **nichtje** ging naar bed.

4.2.7 glasses

Glass is glas, both for the material used to make windows and the object you put a drink in. The plural is glazen.

- Two glasses of water, please.
- Twee **glazen** water, alstublieft.

However, glasses as in the tool to see better are translated as bril. That's one pair of glasses. Two pair of glasses are twee brillen.

- I have to read, where did I leave my glasses?
- Ik moet lezen, waar heb ik mijn ~~glazen~~ achtergelaten?
- Ik moet lezen, waar heb ik mijn **bril** achtergelaten?

4.2.8 character

Karakter means someone's personality but not a character in a book, film or a play.

- He plays an interesting character.
- Hij speelt een interessant ~~karakter~~.
- Hij speelt een interessant **personage**.

- She has a strong character.
- Ze heeft een sterk **karakter**.

4.2.9 cities and geography

Mind the -s in Brussels and the -en in Antwerp. These are two cities in Belgium.
- Do we go to Brussels or Antwerp?
- Gaan we naar ~~Brussels~~ of ~~Antwerp~~?
- Gaan we naar **Brussel** of **Antwerpen**?

The plural of stad (city) is steden.
- There are three big cities.
- Er zijn drie grote ~~staten~~.
- Er zijn drie grote **steden**.

The plural of staat (state) is staten.
- I live in the United States.
- Ik leef in de Verenigde ~~Steden~~.
- Ik leef in de Verenigde **Staten**.

Eastern or western is oost and west.
- Did you go to eastern Flanders?
- Ging je naar ~~Oosten~~ Vlaanderen?
- Ging je naar **Oost**-Vlaanderen?

Nederland is the country, Nederlands is the language.
- I speak Dutch.
- Ik spreek ~~Nederland~~.
- Ik spreek **Nederlands**.

- I go to the Netherlands.
- Ik ga naar ~~de Nederlands~~.
- Ik ga naar **Nederland**.

4.2.10 series

A series in the singular is written without -s.
- That's a nice series!
- Dat is een leuke ~~series~~!
- Dat is een leuke **serie**!

4.2.11 connection

An alternative for connectie (connection) is verbinding. Connectie isn't wrong though.
- The connection isn't good.
- De **connectie** is niet goed.
- De **verbinding** is niet goed.

4.2.12 youth

Een jongen is a boy, een meisje is a girl.
- He's a boy and I'm a girl.
- Hij is een **jongen** en ik ben een meisje.

The plural of jongen is jongens.
- How many boys are there?
- Hoeveel **jongens** zijn er?

However, youngster is jongere, and youngsters are jongeren. So jongeren (youngsters) includes jongens (boys) and meisjes (girls).

- Many youngsters go to the party.
- Veel ~~jongens~~ gaan naar het feestje.
- Veel **jongeren** gaan naar het feestje.

One can translate youth in general by jongeren or by jeugd.

- The youth doesn't have respect.
- De ~~jongens~~ hebben geen respect.
- De **jeugd** heeft geen respect.
- De **jongeren** hebben geen respect.

The adjective young is jong.

- These are young people!
- Dat zijn ~~jeugdige~~ mensen!
- Dat zijn **jonge** mensen!

And jonger is younger.

- He is younger than you.
- Hij is **jonger** dan jou.

4.3 other false friends

4.3.1 who and how

Hoe and who sound more or less the same, but mean something different.

- Who's that?
- ~~Hoe~~ is dat?
- **Wie** is dat?

- How's that?
- ~~Wie~~ is dat?
- **Hoe** is dat?

4.3.2 so

So and zo are not synonyms. Only when used with an adjective, they mean the same.
- We are so tired!
- We zijn **zo** moe!

In all other cases, so isn't translated as zo. So as in the little word you use in between sentences is dus.
- So, you're eating tonight?
- ~~Zo~~, je eet vanavond?
- **Dus**, je eet vanavond?

I think so is used often in English but it isn't used with zo.
- I think so.
- Ik denk ~~zo~~.
- Ik denk **van wel**.
- Ik denk **het**.

Zo is used to express 'like this' or 'this way' as in an answer to the question how.
- I work like this.
- Ik werk ~~zoals dit~~.
- Ik werk **zo**.

So you can use 'ik denk zo' only as an answer to the question 'how do you think?'
- I think like this.
- Ik denk ~~zoals dit~~.
- Ik denk **zo**.

When you're using as... as..., use zo only once.
- She goes as fast as possible.
- Ze werkt ~~als snel als~~ mogelijk.
- Ze werkt **zo** snel mogelijk.

Such a also uses zo.
- He's such a nice person.
- Hij is **zo een** vriendelijke persoon.

4.3.3 during, endure

During and enduring have different translations. During can be translated as gedurende, but usually tijdens is used.

- During summer, I go to the swimming pool.
- **Tijdens** de zomer ga ik naar het zwembad.
- **Gedurende** de zomer ga ik naar het zwembad.

For is usually translated as voor, but not with duration:
- He played for years.
- Hij speelde ~~voor~~ jaren.
- Hij speelde **gedurende** jaren.
- Hij speelde **jarenlang**.

To endure is 'verdragen' or 'verduren' in Dutch:
- She endures the pain.
- Ze ~~duurt~~ de pijn.
- Ze **verduurt** de pijn.
- Ze **verdraagt** de pijn.

Duren means to take time or to last.
- It's taking too much time.
- Het **duurt** te lang.

- The play lasts for 2 hours.
- Het theaterstuk **duurt** 2 uur.

4.3.4 clear

Clear means duidelijk. Klaar means ready.

- It's clear we shouldn't do this.
- Het is ~~klaar~~ dat we dit niet mogen doen.
- Het is **duidelijk** dat we dit niet mogen doen.

- I'm ready.
- Ik ben **klaar**.

One expression combines both of them:
- Perfectly clear.
- **Klaar en duidelijk**.

Done is gedaan.
- Have you done it?
- Heb je het **gedaan**?

However, when a person is done, use klaar:
- I'm done!
- Ik ben ~~gedaan~~!
- Ik ben **klaar**!

If something is over, use gedaan.
- The film is over.
- De film is ~~over~~.
- De film is **gedaan**.

4.3.5 private

Private is translated as privé. Some older persons still use private in Dutch.

- I use it for private messages.
- Ik gebruik het voor ~~private~~ berichten.
- Ik gebruik het voor **privé** berichten.

Private can be used in Dutch as well, but only in the context of being non-governmental, or if it's on a private space like a door or a domain. Try to avoid it though, privé can always be used instead.

- The government waits for private investments.
- De overheid wacht op **privé** investeringen.
- De overheid watch op **private** investeringen.

- The door says 'private.'
- Op de deur staat '**privé**.'
- Op de deur staat '**privaat**.'

Privacy is translated as privacy.
- I need privacy.
- Ik heb **privacy** nodig.

4.3.6 right

Right is sometimes literally recht, but only as in having the right.
- I don't have the right to eat now.
- Ik **heb** niet het **recht** om nu te eten.

Right as in not left is rechts with s.
- First we go left, not right.
- Eerst gaan we links, en niet ~~recht~~.
- Eerst gaan we links, en niet **rechts**.

Upright (not laying down) is recht in Dutch:
- The chair stands upright.
- De stoel staat ~~oprecht~~.
- De stoel staat **recht**.

Oprecht means sincere.
- He isn't sincere.
- Hij is niet **oprecht**.

Right as in being right is translated as gelijk hebben. Mind the hebben here.
- You're right.
- Je ~~bent recht~~.
- Je **hebt gelijk**.

Right as in not wrong is juist.
- That answer is right.
- Dat antwoord is ~~recht~~.
- Dat antwoord is **juist**.

Straight through is rechtdoor.
- Just go straight.
- Ga maar ~~recht~~.
- Ga maar **rechtdoor**.

4.3.7 a number of

A number is nummer.
- Number 22, please.
- **Nummer** 22, alstublieft.

A number of, however, is een aantal. Don't add anything like of.
- A number of trucks come.
- Een ~~nummer van~~ vrachtwagens komen.
- **Een aantal** vrachtwagens komen.

4.3.8 naturally

Natural and naturally are natuurlijk.
- Our products are natural.
- Onze producten zijn **natuurlijk**.

However, natuurlijk also means of course:
- Of course it's a good idea!
- ~~Van cursus~~ is het een goed idee!
- **Natuurlijk** is het een goed idee!

4.3.9 free

Free is vrij.
- Free after 5 long years!
- **Vrij** na 5 lange jaren!

However, free as in not having to pay is gratis.
- Those products are for free.
- Die producten zijn ~~vrij~~.
- Die producten zijn **gratis**.

And the verb to free is bevrijden. Vrijen is dating or an even more specific and intimate physical part of the relationship with a probability of having babies.
- I free the prisoners.
- Ik ~~vrij~~ de gevangenen.
- Ik **bevrijd** de gevangenen.

4.3.10 special

Special is speciaal.
- That present is... special.
- Dat cadeau is... **speciaal**.

Speciaal is also particularly or in particular.
- It's for you in particular.
- Het is **speciaal** voor jou.

However, if especially can be translated by 'mainly', use vooral.

- We especially/mainly produce milk.
- We produceren ~~speciaal~~ melk.
- We produceren **vooral** melk.

4.3.11 camping

Camping is a noun but not a verb.
- I stay in the camping.
- Ik blijf in de **camping**.

- I'm going camping.
- Ik ga ~~kamping~~.
- Ik ga **kamperen**.

4.3.12 famous

Fameus has many meanings, but it isn't really used for famous. Use beroemd or bekend instead.
- He becomes famous.
- Hij wordt ~~fameus~~.
- Hij wordt **bekend**.
- Hij wordt **beroemd**.

Fameus means most of the time famously, iconic or pretty, so it's an adverb. It's also used in some expressions:

- You've grown a lot!
- Je bent **fameus** gegroeid!

Gekend and bekend are both known in English, but they have a different meaning. Bekend is famous, like a celebrity. And gekend is memorised.
- That's a known actor.
- Dat is een ~~gekende~~ acteur.
- Dat is een **bekende** acteur.

- Is the material for the exam known?
- Is de leerstof voor het examen ~~bekend~~?
- Is de leerstof voor het examen **gekend**?

4.3.13 general

Generaal is usually a general in the army.
- The general sends the troops.
- De **generaal** stuurt de troepen.

However, general as in being the general situation, uses algemeen.
- In general, they're good students.
- In ~~generaal~~ zijn ze goede studenten.
- **In het algemeen** zijn ze goede studenten.

There are only a few exceptions, like general rehearsal.

- It was a good general rehearsal.
- Het was een goede **generale** repetitie.

4.3.14 on top

On the top of something is op de top van iets, or bovenop iets:

- We are on top of the mountain.
- We zijn **op de top van** de berg.
- We zijn **bovenop** de berg.

However, you can only use the first translation above for objects having a top.

- Stijn lies on top of him.
- Stijn ligt ~~op de top van~~ hem.
- Stijn ligt **bovenop** hem.

The contrary is of bovenop is onder.

- Stijn lies under him.
- Stijn ligt **onder** hem.

With pages or documents, use bovenaan and onderaan.

- Look on top of the page. Or, no, at the bottom.
- Kijk ~~op de top van~~ de pagina. Of, nee, ~~onder~~.
- Kijk **bovenaan** de pagina. Of, nee, **onderaan**.

4.3.15 apart

Apart is apart.
- Together is better than apart.
- Samen is beter dan **apart**.

However, apart from as in except from is behalve.
- Everyone left, apart from us.
- Iedereen is weg, ~~apart~~ wij.
- Iedereen is weg, **behalve** wij.

4.4 exercises

4.4.1 Are these sentences correct?

1. Straks ga ik opnieuw mijn vrienden ontmoeten.
2. Morgen wil ik naar de cinema.
3. Is die ruimte voor mij?
4. Links? Nee, dat is niet de rechte richting.
5. De zanger zong zijn zingen.
6. Dat is speciaal voor mij.
7. Wel, jij hebt jouw mening en ik de mijne.
8. Kan je dit document eens onderschrijven?
9. Hij vraagt te veel vragen.
10. Kijk je ook naar de koers?
11. Ik regel dat wel.
12. Er zijn veel jongeren op straat.
13. Wil je na het eten nog een café?
14. Ze bezoeken de kathedraal.

15. Beloof jij dat religies goed zijn?
16. Naar welke staden wil je gaan?
17. Correct? Ik denk zo.
18. In juli gaan we naar Nederlands.
19. Zonder glazen kan ik niet lezen.
20. Ben je gedaan met je huiswerk?
21. Er zijn een nummer van fouten.
22. Dat is een bekende zangeres.
23. Natuurlijk heeft hij problemen.
24. In het generaal is het een leuk land.
25. Ik slaap in mijn lokaal.
26. Wat is de mening van dat woord?
27. Ze gaan terug naar het office.
28. Zou je de directie kunnen contacteren?
29. Mijn neef is de zoon van mijn tante.
30. Ik hou van alle huizen, apart van dat huis.
31. Morgen heb ik klas.
32. Ik heb dat voor jaren gezegd.

4.4.2 Find the 7 mistakes in the dialogue
-Hallo, welkom in de koers informatica.
-Wat gaan we leren in deze klassen?
-Hoe we met computers werken.
-Zo gaan we met programma's leren werken?
-Ja. Zijn jullie klaar?
-Zeker. Maar ik ben niet zo jeugdig meer.

-Geen probleem. Ik beloof dat ik veel uitleg wil geven.

-Op mijn kantoor moet ik vaak de computer gebruiken.

-Ok, recht zien jullie een icoon. Klik erop.

-Ai, dat icoon is zo klein!

-Hebben jullie kwesties?

-Nee… misschien later.

Chapter 5: other common mistakes with adjectives, pronouns and articles

5.1 adjectives

5.1.1 well

Let's see some issues related to adjectives and adverbs. Normally, adverbs and adjectives are the same in Dutch. Where in English you add -ly, Dutch doesn't add anything.

- That's an easy job.
- Dat is een **gemakkelijke** job.

- He works easily.
- Hij werkt **gemakkelijk**.

A typical literal translation going wrong is 'well'. It isn't used as an adverb in Dutch. Use goed instead.

- That's well done.
- Dat is ~~wel~~ gedaan.
- Dat is **goed** gedaan.

However, as a word to fill sentences, well can be used. But mind it's with only one L.

- Well, that's interesting.
- **Wel**, dat is interessant.

Wel has another use in Dutch. If you want to stress the verb, use wel at the end.
- I AM working!
- Ik werk wel!
- I do understand it.
- Ik begrijp het **wel**.

So do not translate these last two as 'I am working well' and 'I am understanding it well.'

5.1.2 a lot of

Because 'a lot of' starts with an article, some students are tempted to use 'een grote' when describing a lot of. However, this is wrong. Use 'veel' instead:
- I have a lot of experience in that sector.
- Ik heb ~~een grote~~ ervaring in die sector.
- Ik heb **veel** ervaring in die sector.

5.1.3 differences, different, other

Verschillend(e) means different or differing and ander(e) means other. So there is a different nuance when translating, even if it's a very small difference. In practice, Dutch-speaking persons use them interchangeably.
- We have different opinions.
- We hebben ~~andere~~ opinies.
- We hebben **verschillende** opinies.

- We have other opinions.
- We hebben ~~verschillende~~ opinies.
- We hebben **andere** opinies.

Something different and something else are translated in a different way. Note the -s at the end.
- I want something different.
- Ik wil iets ~~anders~~.
- Ik wil iets **verschillends**.

- I want something else.
- Ik wil iets ~~verschillends~~.
- Ik wil iets **anders**.

However, the difference as a noun is het verschil.
- Did you see the difference?
- Zag je het ~~andere~~?
- Zag je **het verschil**?

Verschillende can also mean several. However, each one of the nouns should be different. In the following example, none of the passports are the same:
- We have several passports.
- We hebben **verschillende** paspoorten.

In this example, the passports could be the same:
- We have several passports.
- We hebben **een paar** paspoorten.

The mistake that is mostly made, is the adverb differently. When using an adverb, use anders.
- They run differently.
- Ze lopen ~~verschillend~~.
- Ze lopen **anders**.

Anders also means 'if not,' It can also replace a whole sentence, to avoid repetition.
- If not, I'll call the police.
- ~~Als niet~~, bel ik de politie.
- **Anders** bel ik de politie.

- I want you to do your homework. If you're not doing it, you don't get dessert.
- Ik wil dat je jouw huiswerk maakt. **Anders** krijg je geen dessert.

5.1.4 last, ago, past, previous

Last means laatst.
- These are the last carrots.
- Dit zijn de **laatste** wortels.

If you're not using an article in front, use vorig, meaning past. Typical uses are last month, last week and last year.

- Last weekend I went to Germany.
- ~~Laatste~~ weekend ging ik naar Duitsland.
- **Vorig** weekend ging ik naar Duitsland.

An alternative to vorige is verleden:

- Last week, we went there.
- ~~Laatste~~ week gingen we er.
- **Vorige** week gingen we er.
- **Verleden** week gingen we er.

Vorige and verleden mean last in the sense of past. So 'de twee vorige weken' refers to the previous two weeks. The tense will always be in the past. 'De twee laatste weken' can refer to any last two weeks of any time period, even in the future.

- The last two weeks were difficult.
- De twee **laatste** weken waren moeilijk.
- De twee **vorige** weken waren moeilijk.
- De twee **verleden** weken waren moeilijk.

- Will you work on the last two days of the year?
- Ga je werken op de ~~vorige~~ twee dagen van het jaar?
- Ga je werken op de ~~verleden~~ twee dagen van het jaar?
- Ga je werken op de **laatste** twee dagen van het jaar?

Het verleden is also the noun for the past. So in the past, you can translate is at in het verleden or vroeger.

- In the past, he came.
- In het **verleden** kwam hij.
- **Vroeger** kwam hij.

Vroeger is also the antonym of later, as in before. A synonym is eerder.

- Can you come earlier?
- Kan je ~~in het verleden~~ komen?
- Kan je **vroeger** komen?
- Kan je **eerder** komen?

- He comes later.
- Hij komt **later**.

Ago is simply geleden.
- Two weeks ago, I had an accident.
- Twee weken ~~verleden~~ had ik een ongeval.
- Twee weken **geleden** had ik een ongeval.

Afgelopen, vorige and verleden all mean past. Afgelopen is different because it refers to the period you're still in. For vorige and verleden, the period is over.

One example: if you say het afgelopen jaar in 2010, you mean 2010. If you say vorig jaar in 2010, you mean 2009.

- In the past two weeks, he came.
- In de **afgelopen** twee weken kwam hij.
- In de **vorige** twee weken kwam hij.

Vorige also means previous. The antonym is volgende.

- Next page, please.
- **Volgende** pagina, alstublieft.

- The previous coffee was better.
- De **vorige** koffie was beter.

5.1.5 happy

There are two ways to translate happiness. Blij is the emotion you feel only shortly, gelukkig is the feeling that lasts, as in being happily married. You can't be blij for years, but you can be gelukkig for years.

- They're happy with this present.
- Ze zijn **blij** met dit cadeau.

- They're a couple and they're happy together.
- Ze zijn een koppel en ze **zijn gelukkig** samen.

Gelukkig isn't the same as the noun luck, which is geluk.

- Yesterday, I had a lot of luck!
- Gisteren had ik veel ~~gelukkig~~!
- Gisteren had ik veel **geluk**!

Luckily, however, is gelukkig.

- Luckily, I have an extra mattress.
- ~~Geluk~~ heb ik een extra matras.
- **Gelukkig** heb ik een extra matras.

5.1.6 half

Half has two translations: half and helft. Helft is the noun, half (or halve) is the adjective.

- Half a pie, please.
- Een ~~helft~~ taart, alstublieft.
- Een **halve** taart, alstublieft.

- This is your half.
- Dit is jouw ~~half~~.
- Dit is jouw **helft**.

For time, use half. Note 10:30 is half elf and not half tien, which is 9:30.

- We meet at 3:30.
- We zien elkaar om **half** vier.

5.1.7 -able

The equivalent of drinkable is drinkbaar. So -able is -baar in Dutch.

- It isn't drinkable.
- Het is niet **drinkbaar**.

- It's a negotiable offer.
- Het is een **onderhandelbare** aanbieding.

Incredible has two meanings in English: untrustworthy and extraordinary. However, in Dutch, unreliable or untrustworthy is onbetrouwbaar. And extraordinary or unbelievable is ongelofelijk.

- He's untrustworthy.
- Hij is ~~ongelofelijk~~.
- Hij is **onbetrouwbaar**.

- This is just incredible! This is just unbelievable!
- Dat is toch ~~onbetrouwbaar~~!
- Dat is toch **ongelofelijk**!

The opposite, credible, is geloofwaardig or betrouwbaar. Ongelofelijk has no positive form in Dutch.

- That's a trustworthy witness.
- Dat is een **geloofwaardige** getuige.
- Dat is een **betrouwbare** getuige.

- Do you have credible sources?
- Heb je **geloofwaardige** bronnen?
- Heb je **betrouwbare** bronnen?

5.1.8 hidden

Verstoppen and ontstoppen are not the same. Opstopping means traffic jam.
- Is there a traffic jam again?
- Is er opnieuw een ~~verstopping~~?
- Is er opnieuw een **opstopping**?

Verstoppen is to hide or to clog.
- Our kid is hidden.
- Ons kind is opg~~estopt~~.
- Ons kind is **verstopt**.

- The toilet's clogged.
- Het wc is ~~opgestopt~~.
- Het wc is **verstopt**.

And to unclog means ontstoppen.
- I unclog the toilet.
- Ik ~~verstop~~ het wc.
- Ik **ontstop** het wc.

5.1.9 foreign

The adjective foreign is buitenlands.
- That's a good foreign film!
- Dat is een goede **buitenlandse** film!

However, there is no word for 'a foreign country.' Use the noun 'het buitenland' (abroad) instead. It does not take the indefinite article 'een' and it's the opposite of binnenland.
- I'm in a foreign country.
- Ik ben in ~~een buiten land~~.
- Ik ben in **het buitenland**.

Binnenland can be translated as inland or interior.
- We go to the French inland.
- We gaan naar het Franse **binnenland**.

A typical example are the ministries of foreign affairs and the ministries of domestic affairs.
- Do you work for the Ministry of Foreign Affairs and he for Internal Affairs?
- Werk jij voor het Ministerie van **Buitenlandse Zaken** en hij voor **Binnenlandse Zaken**?

An alternative for foreign country is vreemd land, but this sounds more like a strange country than a foreign country.

- That's a strange country.
- Dat is een **vreemd** land.

5.2 pronouns

Personal pronouns are to be learnt by heart. One tip: use je. Je is used in many ways: for the possessive pronouns, it's an alternative for jouw:

- This is your table.
- Dat is **jouw** tafel.
- Dat is **je** tafel.

For the personal pronouns, it's an alternative for jij:

- You say it.
- **Jij** zegt het.
- **Je** zegt het.

As a direct object, it's an alternative for jou:

- I hear you.
- Ik hoor **jou**.
- Ik hoor **je**.

When you're using the possessive as in mine, yours, ours and so on, don't forget to use the article de. Alternatively, use van and the direct object.

- That one is mine.
- Dat ~~is mijne~~.
- Dat is de **mijne**.
- Dat is **van mij**.

Another example:
- That's theirs.
- Dat is ~~hun~~.
- Dat is de **hunne**.
- Dat is **van hen**.

Hen and hun look very similar, and in informal situations some natives use them interchangeably. To avoid mistakes: use hun only for the possessive. In other cases, use hen.

- That's their problem.
- Dat is ~~hen~~ probleem.
- Dat is **hun** probleem.

- I hear them.
- Ik hoor **hen**.

5.3 nouns & articles

5.3.1 het as an article

A means een and de or het mean the. There are some rules to know when de is used and when het. However, it is more useful to learn the articles of words you often use. Also don't forget de is used more often than het. Some words using het:

- Het gebouw (building),
- het deel (part),
- het management (management),
- het niveau (level),
- het jaar (year),
- het verhaal (story),
- het probleem (problem),
- het product (product)

5.3.2 the and this

Do not confuse de and die. They have a different meaning and a different pronunciation.

- The father of that daughter.
- ~~Die~~ vader van ~~de~~ dochter.
- **De** vader van **die** dochter.

5.3.3 missing articles

In some specific cases, Dutch takes the article where English doesn't:

- I'm in hospital.
- Ik ben ~~in ziekenhuis~~.
- Ik ben in **het** ziekenhuis.

- At work, we don't smoke.
- ~~Op werk~~ roken we niet.
- Op **het** werk roken we niet.

Don't forget to use the article when using a language:
- She speaks in English.
- Ze spreekt ~~in Engels~~.
- Ze spreekt in **het** Engels.

The article used for the… the…, is translated by hoe:
- The better the motor, the faster she'll drive.
- ~~De~~ beter de motor, ~~de~~ sneller ze zal rijden.
- **Hoe** beter de motor, **hoe** sneller ze zal rijden.

- The more kids, the more parents.
- ~~De~~ meer kinderen, ~~de~~ meer ouders.
- **Hoe** meer kinderen, **hoe** meer ouders.

5.3.4 home

At home is thuis. This is only the home of the person in particular.

- I am not home.
- Ik ben niet ~~huis~~.
- Ik ben niet **thuis**.

- I work at home.
- Ik werk ~~bij mijn huis~~.
- Ik werk **thuis**.

As soon as one talks about someone else's home, use 'huis.'

- Are you in his house?
- Ben jij in zijn ~~thuis~~?
- Ben jij **in zijn huis**?

An exception is having products at your place, where you can use 'in huis,' don't use the article. You can still use thuis too.

- I don't have sugar at home.
- Ik heb geen suiker **thuis**.
- Ik heb geen suiker **in huis**.

If you're going home, you're not at home. In this case, don't use thuis, use huis.

- I'm going home.
- Ik ga naar ~~thuis~~.
- Ik ga naar **huis**.

5.3.5 same

Same uses the article to define whether it's hetzelfde or dezelfde. It's het huis so it's hetzelfde:
- I live in the same house.
- Ik woon in ~~dezelfde~~ huis.
- Ik woon in **hetzelfde** huis.

And it's de woorden so it's dezelfde.
- She says the same words.
- Ze zegt ~~hetzelfde~~ woorden.
- Ze zegt **dezelfde** woorden.

If there is no noun and it's an adverb, use hetzelfde:
- That's the same for me.
- Dat is ~~dezelfde~~ voor mij.
- Dat is **hetzelfde** voor mij.

Zelfs and zelf are not the same. Zelfs is even, zelf is oneself.
- Did you make it yourself?
- Heb je dat ~~zelfs~~ gedaan?
- Heb je dat **zelf** gedaan?

- He even did that!
- Hij heeft ~~zelf~~ dat gedaan!
- Hij heeft **zelfs** dat gedaan!

5.3.6 time and times

Let's see some issues related to time. For now is voorlopig. You can also use 'momenteel', as 'currently.'

- For now, we won't buy it.
- ~~Voor nu~~ kopen we het niet.
- **Voorlopig** kopen we het niet.

'In' this moment takes op.

- In this moment, no.
- ~~In~~ dit moment, neen.
- **Op** dit moment, neen.

One time as in once, is translated as één keer or eens:

- I do it once.
- Ik doe het ~~ooit~~.
- Ik doe het **één keer.**
- Ik doe het **eens**.

Once as in at one point in time is ooit.

- Once, I sold a chicken.
- ~~Eens~~ verkocht ik een kip.
- **Ooit** verkocht ik een kip.

To make the imperative more polite, use eens or een keer. This has nothing to do with once or at once

- Do what I say, please.
- Doe **eens** wat ik zeg.
- Doe **een keer** wat ik zeg.

To express that one time, use die ene keer.
- Remember that one time, when we went to the bank?
- Herinner je je die ene ~~tijd~~, toen we naar de bank gingen?
- Herinner je je **die ene keer**, toen we naar de bank gingen?

Time as in time with seconds and minutes, is tijd. But if you're counting how many times, it's keer.
- I will go three times.
- Ik ga drie ~~tijden~~.
- Ik ga drie **keer**.

- I don't have the time.
- Ik heb geen ~~keer~~.
- Ik heb geen **tijd**.

At the same time does not use tijd or keer.
- We're visitors and guides at the same time.
- We zijn bezoekers en gidsen op ~~dezelfde tijd~~.
- We zijn bezoekers en gidsen **op hetzelfde moment**.
- We zijn bezoekers en gidsen **tegelijkertijd**.

Elke and iedere are synonyms for every, hele is whole.

- Every day it rains.
- Het regent **elke** dag.
- Het regent **iedere** dag.

- It rains the whole day.
- Het regent de **hele** dag.

5.3.7 impressions

De indruk is the impression.
- I have the impression he isn't interested.
- Ik heb de ~~impressie~~ dat hij niet geïnteresseerd is.
- Ik heb de **indruk** dat hij niet geïnteresseerd is.

To be impressed is onder de indruk zijn.
- I'm impressed.
- Ik ben ~~geïmpressioneerd~~.
- Ik ben **onder de indruk**.

Onder de indruk zijn is also to be under the impression. An alternative is in de veronderstelling zijn if you combine it with a sentence
- I'm under the impression he paints a lot.
- Ik ben ~~onder de impressie~~ dat hij veel schildert.
- Ik ben **in de veronderstelling** dat hij veel schildert.
- Ik ben **onder de indruk** dat hij veel schildert.

Impressing is indrukwekkend.

- It's an impressing painting.
- Het is een ~~impressie~~ schilderij.
- Het is een **indrukwekkend** schilderij.

5.3.8 diminutives

Diminutives are typically Dutch. Instead of saying het huis (the house), you say het huisje (the little house). Simply add -je to the noun and you have the small version of the noun.

Some nouns almost always take the diminutive, like meisje (little girl). You only use meid (girl) to stress that a girl is growing up or has grown up.

- The girl watches the little tree.
- ~~De meid~~ kijkt naar het boompje.
- Het **meisje** kijkt naar het **boompje**.

- Good girl!
- Flinke **meid**!

Another noun taking the diminutive is een beetje (a little bit, a bit). You use beet (a bite) as in being bitten, like a dog's bite.

- It's a bit wet.
- Het is een ~~beet~~ nat.
- Het is een **beetje** nat.

- A tick's bit hurts.
- Een **tekenbeet** doet pijn.

5.3.9 the plural

For some nouns, mostly related to time, you can use both the singular and the plural in the plural.
- We go three times.
- We gaan drie **keer**.
- We gaan drie **keren**.

- They work two years.
- Ze werken twee **jaar**.
- Ze werken twee **jaren**.

- She works two months.
- Ze werkt twee **maanden**.
- Ze werkt twee **maand**.

- We work two hours.
- We werken twee **uur**.
- We werken twee **uren**.

However, when telling time, always use the singular:
- It's two o'clock.
- Het is twee ~~uren~~.
- Het is twee **uur**.

People is 'de mensen', but don't forget to use the plural:

- People easily forget.
- De mensen ~~vergeet~~ gemakkelijk.
- De mensen **vergeten** gemakkelijk.

5.3.10 clothes

A cloth is usually een doek, as a piece you can use for cleaning or for making curtains. However, clothes that humans wear are kleren.

- Are we going to buy clothes?
- Gaan we ~~doeken~~ kopen?
- Gaan we **kleren** kopen?

Kleed is the same as a cloth, but can also mean dress.

- She's wearing a dress.
- Ze draagt een **kleed**.

Clothing, on the other hand, is kledij or kleding. Use them in the singular.

- This is formal clothing.
- Dit is formeel ~~kleed~~.
- Dit is formele **kledij**.
- Dit is formele **kleding**.
- Dit zijn formele **kleren**.

5.3.11 examples

An example is een voorbeeld.
- That's a good example!
- Dat is een goed **voorbeeld**!

But for example is bijvoorbeeld:
- For example: it's red.
- ~~Voorbeeld~~: het is rood.
- **Bijvoorbeeld**: het is rood.

An alternative for for example is zoals. The literal translation of zoals is 'like.'
- Some products, for example that chair, are not for sale.
- Sommige producten, **zoals** die stoel, zijn niet te koop.

5.3.12 education

Education can have three meanings in Dutch. First, opleiding. That's what you write on your cv. It means the courses and studies one has followed or the ones one is following. Opleiding is done for a professional purpose.
- Where did you have your education?
- Waar heeft u uw **opleiding** gehad?

Second meaning: opvoeding. It is related to children and being brought up. When you're teaching children not to misbehave, that's opvoeding.

- Your kids get a good education at home.
- Jouw kinderen krijgen een goede ~~opleiding~~ thuis.
- Jouw kinderen krijgen een goede **opvoeding** thuis.

Third meaning: onderwijs. When talking in general terms, use onderwijs. For example: in this country, the educational system is good. Another good example is when we're defining the different categories, like higher education.
- The secondary education is good in that school.
- Het secundair ~~opleiding~~ is goed in die school.
- Het secundair **onderwijs** is goed in die school.

The related verbs are opleiden, opvoeden and onderwijzen. However, this last one isn't used as much as les geven, to teach.
- We train the students.
- We **leiden** de studenten **op**.

- A good mother educates her child.
- Een goede moeder **voedt** haar kind **op**.

- The teacher teaches.
- De leraar **geeft les**.

5.3.13 theory & practice

In theory doesn't use the article, in practice does.

- In theory, it's a good idea.
- **In theorie** is het een goed idee.

- In practice, it's a bad idea.
- ~~In praktijk~~ is het een slecht idee.
- **In de praktijk** is het een slecht idee.

Praktijk is rarely used in Dutch. The verb 'to practice' is oefenen:

- We practice at home.
- We ~~praktijken~~ thuis.
- We **oefenen** thuis.

One other use of praktijk is a doctor's practice:

- The doctor's office is there.
- De **dokterspraktijk** is daar.

5.3.14 SMEs

Small and Medium Enterprises (SMEs) are Kleine en Middelgrote Ondernemingen in Dutch: kmo's.

- I work with many SMEs in our region.
- Ik werk met veel **kmo's** in onze regio.

5.4 others
5.4.1 the negative

The first challenge when using the negative is to know the difference between geen and niet. Niet is used most of the time. Geen is only used just in front of nouns with no article or with a or a few as an article. The rest uses niet.

- I don't work today.
- Ik werk vandaag ~~geen~~.
- Ik werk vandaag **niet**.

- I don't have work today.
- Ik heb ~~niet~~ werk vandaag.
- Ik heb **geen** werk vandaag.

Use geen in the construction 'neither one of them.'

- She's neither one of them.
- Ze is ~~niet~~ van beide.
- Ze is **geen van beide**.

Where is niet written? There are many rules and even more exceptions. The first option is at the end of the sentence.

- I don't work today.
- Ik werk vandaag **niet**.

However, if there are verbs at the end of the sentence, put niet in front of them.

- He didn't smoke yesterday.
- Hij heeft gisteren **niet** gerookt.

- We don't have to work today.
- We moeten vandaag **niet** werken.

Neither and nor are translated with noch... noch...
- He's neither an enemy nor a friend.
- Hij is **noch** een vijand, **noch** een vriend.

5.4.2 comparative and superlative

The main mistake made by English speakers while using the comparative, is to combine more with an adjective:

- This is more important now.
- Dit is ~~meer belangrijk~~ nu.
- Dit is **belangrijker** nu.

- What's more interesting: this book or that film?
- Wat is er ~~meer interessant~~: dit boek of die film?
- Wat is er **interessanter**: dit boek of die film?

However, the rest of the comparative and superlative is fairly similar:
- That's less interesting.
- Dat is **minder interessant**.

- This one is the least interesting.
- Deze is de **minst interessante**.

You even have two options for the superlative:
- This car is the most interesting.
- Deze auto is de **meest interessante**.
- Deze auto is de **interessantste**.

Than and as are translated as dan and als, when comparing.
- That car is bigger than that car.
- Die auto is groter **dan** die auto.

- That chair is as big as this chair.
- Die stoel is even groot **als** deze stoel.

5.4.3 a lot, much, many

A lot, much and many plus a noun have simply one translation in Dutch: veel.
- I have many friends.
- Ik heb **veel** vrienden.

- There isn't much time.
- Er is niet **veel** tijd.

- There are a lot of people here.
- Er zijn hier **veel** mensen.

If you want to stress the quantity, for example if you have many many friends, use zeer or heel:
- I have a lot of friends.
- Ik heb **zeer veel** vrienden.
- Ik heb **heel veel** vrienden.

Heel / hele also means whole.
- I have the whole house for me.
- Ik heb het **hele** huis voor mij.

Too many or too much is simply translated with te plus veel.
- There's too much water in the river.
- Er is **te veel** water in de rivier.

To say way too many or way too much, use veel te veel:
- He has way too many cars.
- Hij heeft **veel** te veel auto's.

So where do English-speaking people make mistakes? With adjectives. Use zeer or heel with adjectives:
- He's very scared.
- Hij is ~~veel~~ bang.
- Hij is **zeer** bang.

- She's very big.
- Ze is ~~veel~~ groot.
- Ze is **heel** groot.

Note you can use veel with an adjective, but with 'way too'.
- It's way too cold.
- Het is **veel** te koud.

5.4.4 only and alone
To say alone, use alleen.
- Are you alone?
- Ben je **alleen**?

To express only, use enkel or alleen. Note that alleen could also mean alone in this case.
- I'm only going to work if I receive money.
- Ik ga **enkel** werken als ik geld krijg.
- Ik ga **alleen** werken als ik geld krijg.

The mistake is when using numbers. In this case, use maar.

- I want only three bananas.
- Ik wil ~~enkel~~ drie bananen.
- Ik wil ~~alleen~~ drie bananen.
- Ik wil **maar** drie bananen.

Use alleen maar if you want to stress 'only':
- He only wants to eat (and do nothing else)!
- Hij wil **alleen maar** eten!

The only plus noun is enige.
- That's the only colour.
- Dat is de ~~alleen~~ kleur.
- Dat is de **enige** kleur.

For the only thing or the only one, you can use het enige.
- That's the only thing I found.
- Dat is het **enige ding** dat ik vond.
- Dat is **het enige** dat ik vond.

Use de enige for persons:
- I'm the only one who was there.
- Ik ben de enige ~~één~~ die er was.
- Ik ben **de enige** die er was.
- Ik ben **de enige persoon** die er was.

5.4.5 still, yet, since

Still, yet and since are useful words at an advanced beginners' level. Still isn't stil, which means quiet.

- Be quiet!
- Wees **stil**!

Still is translated as nog or nog altijd:
- We're still at home.
- We zijn ~~stil~~ thuis.
- We zijn **nog** thuis.
- We zijn **nog altijd** thuis.

Not anymore is niet meer or geen meer.
- I don't work anymore.
- Ik werk **niet meer**.

- I don't have employees anymore.
- Ik heb **geen** werknemers **meer**.

Yet is tricky because there are variations for the positive and for the negative.
- Is he here yet?
- Is hij ~~nog~~ hier?
- Is hij **al** hier?

- He isn't ready yet.
- Hij is ~~al niet~~ klaar.
- Hij is **nog niet** klaar.

Sinds is fairly simple: it's sinds.
- We haven't been there since August.
- We zijn er niet meer geweest **sinds** augustus.

5.4.6 all

All is just one word in English, but it is many in Dutch. Let's see all the possibilities. The first one is if you can replace the word with everything. Use alles.
- That's everything. That's all.
- Dat is ~~al~~.
- Dat is **alles**.

If you can replace all by everyone, use allen or iedereen. Note that iedereen is in the singular.
- All went to the concert.
- **Iedereen** ging naar het concert.
- **Allen** gingen naar het concert.

- Everyone went to the concert.
- **Iedereen** ging naar het concert.
- **Allen** gingen naar het concert.

If all is just in front of a noun, use alle or al if there's an article.

- All people went to the concert.
- ~~Allemaal~~ gingen naar het concert.
- **Alle** mensen gingen naar het concert.

- All the passengers wear their seatbelt.
- ~~Alles~~ passagiers dragen hun gordel.
- **Al de** passagiers dragen hun gordel.

Don't forget al also means already.

- I already bought the tickets.
- Ik heb de tickets **al** gekocht.

The most often made mistake occurs when using allemaal. Allemaal can only be used if it refers to a noun or personal pronoun in the plural, and if it stands separately.

- We're all happy.
- We zijn ~~al~~ blij.
- We zijn **allemaal** blij.

- The products are all there.
- De producten zijn ~~al~~ daar.
- De producten zijn **allemaal** daar.

5.4.7 some

Some is sommige, sometimes is soms.

- Some people never learn.
- ~~Soms~~ mensen leren nooit.
- **Sommige** mensen leren nooit.

- Sometimes, I walk.
- ~~Sommige~~ wandel ik.
- **Soms** wandel ik.

Sommige is used for certain, as 'certain drinks' in the following example. To express a few, use enkele or een paar:

- I want a few drinks.
- Ik wil ~~sommige~~ drankjes.
- Ik wil **enkele** drankjes.
- Ik wil **een paar** drankjes.

5.4.8 most

Most is only one word in English, but it's many in Dutch. With most of the time, use meestal:

- Most of the time, he goes to the right person.
- Hij gaat ~~het meeste van de tijd~~ naar de juiste persoon.
- Hij gaat **meestal** naar de juiste persoon.

Most of them or most of the people is translated as de meesten. Alternatively, use de meesten van hen.

- Most of them don't recognise me.
- De **meesten** herkennen me niet.
- De **meesten van hen** herkennen me niet.

Most plus noun is meeste.
- Most passengers travel every day.
- De ~~meest~~ passagiers reizen elke dag.
- De **meeste** passagiers reizen elke dag.

Most as in majority is meerderheid.
- Most voted yes.
- De **meerderheid** stemde ja.

5.4.9 numbers

Approximate is ongeveer or min of meer. An alternative is to put -tal after the number.
- There were about ten supporters.
- Er waren ~~over~~ tien supporters.
- Er waren ~~meer of min~~ tien supporters
- Er waren **ongeveer** tien supporters.
- Er waren **min of meer** tien supporters.
- Er waren een **tiental** supporters.

To express decades, we use 'de jaren' and the decade.

- Everything was better in the sixties.
- Alles was beter in de ~~zestigs~~.
- Alles was beter in **de jaren zestig**.

One hundred and one thousand don't use the one in Dutch:

- One hundred dollars, please.
- ~~Eén~~ honderd dollar, alstublieft.
- **Honderd** dollar, alstublieft.

- It costs one thousand euro.
- Het kost ~~één~~ duizend euro.
- Het kost **duizend** euro.

5.4.10 inside, outside

In is in, but inside is binnen. Same goes for out. Uit is out, but outside is buiten.

- Are you inside or outside?
- Ben je ~~in of uit~~?
- Ben je **binnen** of **buiten**?

Do not translate 'of' into Dutch:

- He stands outside of the room.
- Hij staat buiten ~~van~~ de zaal.
- Hij staat **buiten** de zaal.

Binnen can also be used to say within.
- He'll arrive within 4 weeks.
- Hij komt **binnen** vier weken.

A strange expression with buiten: by heart is in Dutch van buiten.
- Learn the rules by heart.
- Leer de regels ~~bij het hart~~.
- Leer de regels **van buiten**.

5.4.11 against

Tegen is against.
- You're against his views.
- Je bent **tegen** zijn opinies.

Tegenover has several meanings, like across:
- My house is across from the church.
- Mijn huis is **tegenover** de kerk.

Another meaning is towards. This is very similar to for:
- It isn't nice towards the Belgians.
- Het is niet vriendelijk ~~tegen~~ de Belgen.
- Het is niet vriendelijk **tegenover** de Belgen.

- It isn't nice for the Belgians.
- Het is niet vriendelijk **voor** de Belgen.

5.4.12 concerning

To concern is betreffen, betreffende is concerning.

- It concerns your career.
- Het **betreft** jouw carrière.

- We're going to remove the concerning sentence.
- We gaan de **betreffende** zin schrappen.

An alternative for betreffende, is qua. It can be used as a translation for in terms of. It also sounds more modern:

- In terms of data, we can't complain.
- **Qua** gegevens, kunnen we niet klagen.

Another alternative, which you can only use with people or entities like companies, is betrokken. It means 'involved' too.

- I inform the concerned victims.
- Ik informeer de **betrokken** slachtoffers.

5.4.13 any

Any is only three letters, but literally, in Dutch, it's 'om het even' plus an interrogative pronoun.

- Let's go anywhere.
- Laten we **om het even waar** gaan.

In practice, Dutch speakers tend to avoid saying this.
- Let's go anywhere.
- Laten we gewoon **ergens** gaan. (let's simply go somewhere)

With a noun, use om het even welke.
- I want any tv.
- Ik wil **om het even welke** tv.

In the negative, it's simpler: use geen enkele for nouns.
- You don't want any drink?
- Wil je geen ~~om het even welk~~ drankje?
- Wil je **geen enkel** drankje?

If it's all the same to you, use om het even too:
- It's all the same to her.
- Het is haar **om het even**.

5.4.14 something and nothing

When you're using something or nothing with an adjective, add an -s to the adjective.
- That's something big.
- Dat is iets ~~groot~~.
- Dat is iets **groots**.

- It's nothing negative.
- Het is niets ~~negatief~~.
- Het is niets **negatiefs**.

5.4.15 politeness

Make sure to have a difference pronunciation of u and je. Use u for all formal situations.

- Can you open this?
- Kan **je** dit openen?
- Kunt **u** dit openen?

Be consistent: alsjeblieft is for informal situations, alstublieft for formal situations.

- Can you do it, please?
- Kan je dit doen, **alsjeblieft**?
- Kunt u dit doen, **alstublieft**?

Zou is a little more polite, but you can use it in informal situations too:

- Would you know what's good?
- **Zou** je weten wat goed is?
- **Zou** u weten wat goed is?

5.5 exercises

5.5.1 Fill in: vorig(e), laatst(e), vroeg, geleden

1. _____ week was ik in Amsterdam.
2. Kom niet te _____ .
3. Drie dagen _____ ging het niet goed.
4. De _____ dagen van het jaar werk ik altijd beter.
5. Snel, het zijn de _____ vrije plaatsen.
6. Zes jaar _____ was ik in Duitsland.
7. Is dat _____ of laat?

5.5.2 Are the following sentences correct?

1. Eén honderd euro alstublieft.
2. Ik ga het nog één keer zeggen!
3. De helft van de klas is verstopt.
4. Hij heeft niet boeken.
5. Hij heeft zijn identiteitskaart stil niet.
6. Laatste weekend volgde ik een opleiding.
7. Hier is je kaartje, alstublieft.
8. Je hebt voorbeeld dat ook niet goed gedaan.
9. Twee maand geleden had ik een beetje geluk.
10. Geen succes, volgende keer meer geluk.
11. Straks gaan we nog een beetje praktijken.
12. Gaat het op werk?
13. Hij zegt om het even wat.
14. Soms mensen spreken te veel.
15. Ze is altijd veel emotioneel.

16. Voor nu is het genoeg.
17. De meeste mensen denken te veel aan het geleden.
18. Die informant is onbetrouwbaar.
19. Ga je thuis?
20. Jullie spreken altijd in Engels.
21. Wel, dat zijn dezelfde als vorige week.
22. Dit is muziek uit de jaren zeventig.
23. Allemaal komen uit Nederland.
24. Dat is meer belangrijk dan dit.
25. Wat zijn ze gelukkig!
26. De halve wereld weet het al.
27. Maar volg je geen opvoeding op die school?
28. Dat is sommige zo.
29. Hij heeft zelf dat niet zelf gedaan.
30. Dat kan niet op dit moment.

5.5.3 Correct the 5 mistakes

-Heb je alle?
-Nee, ik vergeet iets belangrijks.
-Wat is het dan?
-Misschien heb je het opgestopt?
-Nee, zoeken we niet dezelfde?
-Ik weet het niet. Maar zoek je goed?
-Op dit moment wel.
-Misschien hebben we niet geluk.
-Hebben we nog andere valiezen in huis?

-Al de valiezen zijn voor ons.

-Als niet kunnen we aan andere mensen valiezen vragen?

5.5.4 Correct the 12 mistakes

Meeste van de tijd ga ik naar hetzelfde winkel voor mijn eten. Ik hou niet van de andere winkels. In het verleden ging ik naar een andere winkel, maar ze spraken enkel in Engels. Dus, voor nu ga ik altijd naar mijn favoriete winkel voor eten te kopen. Er zijn alleen één duizend producten, denk ik, maar ik ken ze zeer wel. Ik ga drie tijden per week, ik ben niet graag in huis. Sommige producten komen uit het buitenland. Maar de half van de producten komen allen uit Nederland. Dat is misschien meer duur, maar het is ook goed voor het milieu. En dat is ook belangrijk.

Chapter 6: pronunciation

Download the MP3 file on: https://bit.ly/2K0Eo3z

When there is a ¨, it means the sound before the ¨ should be pronounced separately.

- België: Belgie - e
- creëren: Cree - eeren
- financiële: financie - eele

However, if there is no ¨, pronounce it with just one sound:

- familie: famiel - ie
- opinie: opien - ie

Other long sounds are the following, most of them are short in English:

- beter: bee - ter
- miserie: misee - rie
- origineel: originee - l
- professioneel: professionee - l
- theater: theaa - ter
- digitaal: digitaa - l
- kaart: kaa - rt
- later: laa - ter
- cursus: cuu - rsuu - s
- wereld: wee - reld
- kwartie - r

Those a's are short:

- festival
- favoriete

- station

IJ is typically difficult to pronounce:

- seizoen: sei - zoen

Make a distinction between we and wij and je and u:

- we : e like but
- wij : like ij
- je
- u (long uu)

The ch is pronounced as g:

- misschien: mus - sgien
- technologie: teg - nologie
- techniek: teg - niek

However if a word ends with sche, pronounce it as se:

- realistische: realisti - se
- Arabische: araa - biese

Mogelijk and moeilijk are not the same:

- mogelijk: moo - gelijk
- moeilijk: moe - jlijk

And a last few ones:

- detail: deta - j (like the y in yoghurt)
- project: with a j, not a g
- supermarkt: (no e between k and t)

Chapter 7: exercises

7.1 Is there a mistake in the sentence? If yes, correct it.

1. Op september gaan we naar Italië.
2. Wat is hier de bedoeling?
3. We moeten kiezen de instrumenten.
4. Ga je naar anders landen?
5. Onze vrienden zijn thuis.
6. Werk je om langer te leven?
7. Het hangt af ervan de situatie.
8. Dat zie je op de top van de pagina.
9. Waar is de directie?
10. Ik denk ze zijn hier niet.
11. In de avond gaan we naar het strand.
12. Het zijn drukke dagen.
13. Na de zomer we verkopen ons huis.
14. De glazen staan oprecht.
15. We hebben daar al geweest.
16. De volgende dag ik werkte te veel.
17. Hij heeft het recht niet om dat te doen.
18. Ze spreken in Nederlands.
19. Dat is niet zo belangrijk.
20. Het is de eerste keer dat we elkaar ontmoeten.
21. Allemaal gaan naar de bekende acteur.
22. Ze kennen elkaar zeer wel.
23. Ik ken hem niet, maar ik wil hem ontmoeten.

24. Jullie luisteren niet graag naar die zanger.
25. Ze hebt de helft geprobeerd.
26. We hebben geen de appels gegeten.
27. Hij begint opnieuw eten.
28. Ze zeggen dat het is niet goed.
29. Dat is een moeilijke kwestie.
30. Het hoger opvoeding is goed in België.
31. Heb je alle?
32. Eén honderd euro, dat is weinig.
33. Betaal niet, het is vrij.
34. In die zaal hebben we les.
35. Nu de dokter is thuis.
36. In de morgen is hij in een opleiding.
37. Vandaag we leren iets nieuws.
38. Het toilet is bezig.
39. Ze genieten hun vakantie.
40. Die politicus belooft veel.
41. Dat moeten jullie leren van buiten.
42. Vroeger we hebben veel gezien.
43. Het boek is uit de tachtig.
44. De verschillende boeken kan je hier verkopen.
45. Dat is het andere tussen een goede en een slechte vriend.
46. Ik kan dat in dit moment niet zeggen.
47. Ik weet niet of hij het weet.
48. Die cijfers ben ik vergeten.
49. België en Nederland zijn twee aparte staten.

50. Voor nu kunnen we niets zeggen.
51. Ze hebben het recht niet om te dat doen.
52. Ze spant zich elke dag in.
53. Het hangt ervan af.
54. In Nederland hij gaat vroeg slapen.
55. De karakters in die serie zijn niet zo vriendelijk.
56. Terwijl hij naar tv kijkt, doe ik mijn huiswerk.
57. Ze hebben de meisjes vergeten.
58. Dat is een ongelofelijk verhaal!
59. Ik weet niet zeker als dat juist is.
60. Voorstel iets!
61. Wat is de mening van dit woord?
62. Hij kent de weg niet.
63. Natuurlijk wil ik dat niet!
64. We gaan graag naar buiten.
65. Dat is de collega die ik over sprak.
66. Gaan we naar de generale repetitie?
67. Ik altijd doe de oefeningen.
68. Volg jij een koers Nederlands?
69. Nu moet je het zout toevoegen.
70. Dat is iets groot!
71. Ga je naar de jongens?
72. Is het klaar?
73. Straks gaan we repeteren.
74. Daarna kan je opnieuw spelen.
75. In Frankrijk mensen spreken Frans.

76. Heb je zin in wandelen?
77. Soms mensen hebben andere opinies.
78. De klassen beginnen om 6 uur.
79. Allen dieren zijn goed.
80. Hij begint de kwestie begrijpen.
81. Op mijn werk is het heel bezig.
82. Eigenlijk ik wil dat niet.
83. Bezoek je de sleutels?
84. We hebben geen ruimte om te studeren.
85. Vijf uur geleden waren we in de klas.
86. Hij spreekt al goed Nederland.
87. Iedereen gelooft dat.
88. Na het restaurant gaan we op koffie.
89. Ik vind dat boek meer interessant.
90. De mensen denk dat het gemakkelijk is.
91. De werkenden studeren niet veel.
92. Dat is zo omdat hij werkt veel.
93. Mijn neefje zijn vader is mijn neef.
94. In de avond ga ik voetbal spelen.
95. De jeugd moet meer werken.
96. Nadat de wedstrijd gaan de spelers douchen.
97. Ze verhuren hun appartement.
98. Ze repeteert de woorden.
99. Misschien ze krijgen iets later.
100. In Londen we gaan naar het theater.

7.2 Fill in the prepositions:

1. _____ 3 maart ga ik _____ vakantie naar Thailand.
2. Speelt hij graag _____ de hond?
3. _____ het einde van de vakantie gaan we _____ bezoek bij de grootouders.
4. Zeg dat maar _____ de verkoper!
5. De leraar vraagt iets _____ de student.
6. Hij houdt niet _____ katten.
7. We zijn _____ zoek _____ de oplossing.
8. _____ Jonas spreek ik enkel _____ auto's.
9. _____ Parijs _____ Amsterdam, is dat 1000 kilometer?
10. _____ een terrasje genieten, heerlijk!
11. Ligt die buurt in het westen _____ Parijs?
12. _____ het einde van de lijst staan mijn vragen.
13. We gaan terug _____ vijf uur.
14. Ik kijk _____ de blauwe hemel.
15. Zullen we straks praten _____ elkaar?
16. Sara luistert veel _____ de radio.
17. Straks slagen ze niet _____ de test.
18. _____ 5 oktober _____ 6 september ben ik _____ school.
19. We zoeken _____ de uitgang.
20. Mijn favoriete muziekgroep komt _____ Amsterdam!

Chapter 8: solutions

1.9.1 Solutions
1. Later ga ik naar de stad.
2. Misschien heeft hij problemen.
3. In de toekomst worden ze beroemd.
4. Straks gaan ze naar de opera.

1.9.2 Solutions
1. Je mag mij een cadeau geven.
2. Je hebt de krant gelezen.
3. We moeten dat ook doen.

1.9.3 Solutions
1. Hij weet niet of het mogelijk is.
2. Hij moet beslissen of we gaan of niet.

1.9.4 Solutions:
1 dat, 2 dat, 3 die

1.9.5 Solutions
1. Ik hoop dat hij daar is.
2. Denk je dat zoiets goed is?
3. Dat is de man waarop ik reken.

1.9.6 Solutions
1. Hij gaat naar de bakker om brood te kopen.
2. Ze studeert om later arts te worden.
3. Ze gaan naar Amsterdam om naar de wedstrijd te kijken.

1.9.7 Solutions
1. Omdat Koen naar school gaat, moet hij 's nachts studeren.

2. Terwijl ik lees, doet hij de afwas / Terwijl hij de afwas doet, lees ik.
3. Toen je klein was, kreeg je veel cadeaus.

1.9.8 Solutions

1 Omdat 2 door 3 want 4 omdat

1.9.9 Solutions

1) als 2) zoals 3) als

1.9.10 Solutions

1. De man waarover ik spreek, is jong.
2. Hij weet niet **of** het juist is.
3. Nu denkt **hij** dat het weer niet goed is.
4. Om dat resultaat **te** krijgen, moet je veel werken.
5. Hij verliest altijd de controle wanneer hij niet weet wat te doen.
6. Ze danst een beetje zoals een celebrity.
7. We wachten op de dieren **die** in het bos leven.
8. Dat komt **door** de druk.

1.9.11 Solutions

Jan denkt dat de wereld te veel problemen heeft. Om onze wereld te redden, wil hij voor een organisatie werken die **armen helpt**. De organisaties **waarmee** Jan wil werken moeten ook niet te groot **zijn**. Eigenlijk **werkt Jan** liever alleen. In zijn job moet hij elke dag met heel veel collega's werken. **Door** het geluid is het moeilijk om zich te concentreren. Omdat mensen hem vaak op zijn telefoon bellen, moet hij dan een andere zaal zoeken. 's Avonds **is hij** ook moe. Terwijl zijn collega's praten, gaat Jan liever in zijn bureau werken. Hij weet niet of dat een probleem is. Maar als hij voor die organisatie werkt, **wil hij** niet in een luide omgeving werken.

2.6.1 Solutions

1. Wat stel je voor?
2. Hij wil niet meewerken.
3. Ze beveelt iets aan.
4. We hebben het vlees opgewarmd.
5. Ze bereiden het avondeten voor.
6. Jullie stelden interessante dingen voor.
7. Ik denk dat het meevalt.
8. Wanneer werk je jouw project af?
9. Dat zijn de mensen die straks langskomen.
10. Ze spande haar spieren op.

2.6.2 Solutions

1. Ik ben naar de winkel aan het gaan.
2. Jullie zijn aan het spreken.
3. We waren naar muziek aan het luisteren.
4. Omdat ik aan het spreken ben, zijn zij aan het zwijgen.
5. Ze waren aan het werken.

2.6.3 Solutions

bezig - druk - bezig - bezet - bezet - bezig - drukke - bezig

2.6.4 Solutions

ken - weet - kent/kennen - weten

2.6.5 Solutions

1. Ik moet vertrekken.
2. Hij heeft een potlood nodig.
3. Wij hebben geen oefeningen nodig.
4. Wij moeten niet oefenen.
5. Zij moet veranderen.
6. Jij hebt een nieuwe uitdaging nodig.
7. Ze hebben geen schoenen nodig.

2.6.6 Solutions

1. Zij **heeft** hem graag.
2. Ontspan je spieren.
3. Waarmee ben je bezig?
4. Kan je me die e-mails **sturen**?
5. Hij probeert hem **te** begrijpen.
6. Dat stuk maakt deel uit van de auto.
7. Het hangt **ervan af**.
8. We **werken mee**.
9. **Ben** je dat al vergeten?
10. Ik wil liever naar Italië.
11. Heb je de code niet onthouden?
12. Ze denken **dat** hij rijk is.
13. We **rekruteren** nieuwe collega's.

2.6.7 Solutions

Josephine is al maanden Nederlands aan **het** leren. Ze leert graag talen, maar ze heeft veel oefeningen nodig. Vele mensen denken **dat** Nederlands leren eenvoudig is. Als je geen Duits of Engels **kent**, moet je veel **herhalen**. Zeker als je begint te leren. Josephine gaat liever winkelen. Dan is ze wel alle nieuwe woorden vergeten. Omdat ze van talen houdt, heeft ze altijd zin **om** nieuwe dingen te leren. Dus combineert ze de twee: ze winkelt in het Nederlands. Nadat ze naar de winkel **is** gegaan, heeft ze veel geleerd. Ze probeert altijd haar nieuwe woorden **te** gebruiken. Naar welke winkels ze gaat? Het hangt van de stad af. De mensen in de winkels **leggen** haar **uit** hoe ze haar kleren kan combineren.

3.3.1 Solutions

1 naar 2 naar 3 naar 4 naar (or nothing) 5 met 6 met 7 aan/tegen 8 naar 9 van 10 aan 11 met 12 van 13 voor 14 over 15 aan & aan/naar & naar/nothing

3.3.2 Solutions

1 tot, 2 op, 3 met, 4 op/met, 5 op, 6 op/aan, 7 op, 8 van, 9 in, 10 op/aan, 11 op, 12 op.

3.3.3 Solutions

1) nadat 2) daarna 3) na 4) nadat 5) daarna 6) na 7) na 8) na 9) nadat 10) daarna

3.3.4 Solutions

1. Ze zijn **met** vijf hier.
2. Ik vraag de rekening **aan** de ober.
3. Om de twee weken ga ik na het werk naar de fitness.
4. Geniet **van** de vakantie!
5. Die mensen zijn op zoek naar een crimineel.
6. Op 6 oktober om 8 uur in 2010 was het koud.
7. **Voor** mijn bureau zit Anne.
8. We kijken naar de sportman.
9. Neen, je moet **op** deze manier werken.
10. Ze bespreken het probleem.

3.3.5 Solutions

Op de vierde **augustus** ga ik naar een feest. Ik zeg dan **aan** mijn vrienden waar we gaan. We gaan zeker drie of vier keer per maand uit. **'s Avonds** kan ik niet stil blijven, ik wil dansen! Ik volg ook een cursus salsa, en dat is op een hoog niveau. Ik volgde lessen van juni tot oktober. Ik slaagde **voor** de test **op** het einde van het jaar, en nu wil ik **naar** bars gaan waar salsa is. Ik zoek wel nog een danspartner. Misschien kan ik daarna meer dansen, en laat ik mijn vrienden gerust in het weekend. Zij houden meer **van** tango.

4.4.1 Solutions

11. Straks ga ik opnieuw mijn vrienden **zien**.
12. Morgen wil ik naar de cinema.

13. Is die ruimte voor mij?
14. Links? Nee, dat is niet de **juiste** richting.
15. De zanger zong zijn **liedjes**.
16. Dat is speciaal voor mij.
17. Wel, jij hebt jouw mening en ik de mijne.
18. Kan je dit document eens **tekenen**?
19. Hij **stelt** te veel vragen.
20. Kijk je ook naar de koers?
21. Ik regel dat wel.
22. Er zijn veel jongeren op straat.
23. Wil je na het eten nog een **koffie**?
24. Ze bezoeken de kathedraal.
25. **Geloof** jij dat religies goed zijn?
26. Naar welke **steden** wil je gaan?
27. Correct? Ik denk **het**.
28. In juli gaan we naar **Nederland**.
29. Zonder **bril** kan ik niet lezen.
30. Ben je **klaar** met je huiswerk?
31. Er zijn een **aantal** fouten.
32. Dat is een bekende zangeres.
33. Natuurlijk heeft hij problemen.
34. In het **algemeen** is het een leuk land.
35. Ik slaap in mijn **kamer**.
36. Wat is de **betekenis** van dat woord?
37. Ze gaan terug naar het **kantoor**.
38. Zou je de directie kunnen contacteren?
39. Mijn neef is de zoon van mijn tante.
40. Ik hou van alle huizen, **behalve** van dat huis.

41. Morgen heb ik **les**.
42. Ik heb dat **gedurende** jaren gezegd.

4.4.2 Solutions

-Hallo, welkom in de **cursus** informatica.

-Wat gaan we leren in deze **lessen**?

-Hoe we met computers werken.

-**Dus** gaan we met programma's leren werken?

-Ja. Zijn jullie klaar?

-Zeker. Maar ik ben niet zo **jong** meer.

-Geen probleem. Ik beloof dat ik veel uitleg **zal** geven.

-Op mijn kantoor moet ik vaak de computer gebruiken.

-Ok, **rechts** zien jullie een icoon. Klik erop.

-Ai, dat icoon is zo klein!

-Hebben jullie **vragen**?

-Nee… misschien later.

5.5.1 Solutions

1) vorige 2) vroeg 3) geleden 4) laatste 5) laatste 6) geleden 7) vroeg

5.5.2 Solutions

1. **H**onderd euro alstublieft.
2. Ik ga het nog één keer zeggen!
3. De helft van de klas is verstopt.
4. Hij heeft **geen** boeken.
5. Hij heeft zijn identiteitskaart **nog altijd** niet.
6. **Vorig** weekend volgde ik een opleiding.
7. Hier is **uw** kaartje, alstublieft.
8. Je hebt **bijvoorbeeld** dat ook niet goed gedaan.
9. Twee maand geleden had ik een beetje geluk.

10. Geen succes, volgende keer meer geluk.
11. Straks gaan we nog een beetje **oefenen**.
12. Gaat het op **het** werk?
13. Hij zegt om het even wat.
14. **Sommige** mensen spreken te veel.
15. Ze is altijd **zeer** emotioneel.
16. **Voorlopig** is het genoeg.
17. De meeste mensen denken te veel aan het **verleden**.
18. Die informant is onbetrouwbaar.
19. Ga je **naar huis**?
20. Jullie spreken altijd in **het** Engels.
21. Wel, dat zijn dezelfde als vorige week.
22. Dit is muziek uit de jaren zeventig.
23. **Allen** komen uit Nederland.
24. Dat is **belangrijker** dan dit.
25. Wat zijn ze gelukkig!
26. De halve wereld weet het al.
27. Maar volg je geen **opleiding** op die school?
28. Dat is **soms** zo.
29. Hij heeft **zelfs** dat niet zelf gedaan.
30. Dat kan niet op dit moment.

<u>5.5.3 Solutions</u>

-Heb je **alles**?

-Nee, ik vergeet iets belangrijks.

-Wat is het dan?

-Misschien heb je het **verstopt**?

-Nee, zoeken we niet **hetzelfde**?

-Ik weet het niet. Maar zoek je goed?

-Op dit moment wel.

-Misschien hebben we **geen** geluk.

-Hebben we nog andere valiezen in huis?

-Al de valiezen zijn voor ons.

-**Anders** kunnen we aan andere mensen valiezen vragen?

5.5.4 Solutions

Meestal ga ik naar **dezelfde** winkel voor mijn eten. Ik hou niet van de andere winkels. In het verleden ging ik naar een andere winkel, maar ze spraken enkel in **het** Engels. Dus, **voorlopig** ga ik altijd naar mijn favoriete winkel voor eten te kopen. Er zijn **maar duizend** producten, denk ik, maar ik ken ze zeer **goed**. Ik ga drie **keer** per week, ik ben niet graag **thuis**. Sommige producten komen uit het buitenland. Maar de **helft** van de producten komen **allemaal** uit Nederland. Dat is misschien **duurder**, maar het is ook goed voor het milieu. En dat is ook belangrijk.

7.1 Solutions

1. **In** september gaan we naar Italië.

2. Wat is hier de bedoeling?

3. We moeten de instrumenten **kiezen**.

4. Ga je naar **andere** landen?

5. Onze vrienden zijn thuis.

6. Werk je om langer te leven?

7. Het hangt af **van** de situatie.

8. Dat zie je **bovenaan** de pagina.

9. Waar is de directie?

10. Ik denk **dat** ze hier niet **zijn**.

11. **'s Avonds** gaan we naar het strand.

12. Het zijn drukke dagen.

13. Na de zomer verkopen **we** ons huis.

14. De glazen staan **recht**.
15. We **zijn** daar al geweest.
16. De volgende dag **werkte** ik te veel.
17. Hij heeft het recht niet om dat te doen.
18. Ze spreken in **het** Nederlands.
19. Dat is niet zo belangrijk.
20. Het is de eerste keer dat we elkaar ontmoeten.
21. **Allen** gaan naar de bekende acteur.
22. Ze kennen elkaar zeer **goed**.
23. Ik ken hem niet, maar ik wil hem ontmoeten.
24. Jullie luisteren niet graag naar die zanger.
25. Ze **heeft** de helft geprobeerd.
26. We hebben de appels **niet** gegeten.
27. Hij begint opnieuw **te** eten.
28. Ze zeggen dat het niet goed **is**.
29. Dat is een moeilijke kwestie.
30. Het hoger **onderwijs** is goed in België.
31. Heb je **alles**?
32. **H**onderd euro, dat is weinig.
33. Betaal niet, het is **gratis**.
34. In die zaal hebben we les.
35. Nu **is** de dokter thuis.
36. **'s Morgens** is hij in een opleiding.
37. Vandaag leren **we** iets nieuws.
38. Het toilet is **bezet**.
39. Ze genieten **van** hun vakantie.
40. Die politicus belooft veel.
41. Dat moeten jullie van buiten **leren**.

42. Vroeger hebben **we** veel gezien.
43. Het boek is uit de **jaren** tachtig.
44. De verschillende boeken kan je hier verkopen.
45. Dat is het **verschil** tussen een goede en een slechte vriend.
46. Ik kan dat **op** dit moment niet zeggen.
47. Ik weet niet of hij het weet.
48. Die cijfers ben ik vergeten.
49. België en Nederland zijn twee aparte staten.
50. **Voorlopig** kunnen we niets zeggen.
51. Ze hebben het recht niet om dat **te** doen.
52. Ze spant zich elke dag in.
53. Het hangt ervan af.
54. In Nederland gaat **hij** vroeg slapen.
55. De **personages** in die serie zijn niet zo vriendelijk.
56. Terwijl hij naar tv kijkt, doe ik mijn huiswerk.
57. Ze **zijn** de meisjes vergeten.
58. Dat is een ongelofelijk verhaal!
59. Ik weet niet zeker **of** dat juist is.
60. **Stel** iets **voor**!
61. Wat is de **betekenis** van dit woord?
62. Hij kent de weg niet.
63. Natuurlijk wil ik dat niet!
64. We gaan graag naar buiten.
65. Dat is de collega **waarover** ik sprak.
66. Gaan we naar de generale repetitie?
67. Ik doe **altijd** de oefeningen.
68. Volg jij een **cursus** Nederlands?

69. Nu moet je het zout toevoegen.
70. Dat is iets **groots**!
71. Ga je naar de jongens?
72. Is het klaar?
73. Straks gaan we repeteren.
74. Daarna kan je opnieuw spelen.
75. In Frankrijk spreken **mensen** Frans.
76. Heb je zin **om te** wandelen?
77. **Sommige** mensen hebben andere opinies.
78. De **lessen** beginnen om 6 uur.
79. **Alle** dieren zijn goed.
80. Hij begint de kwestie **te** begrijpen.
81. Op mijn werk is het heel **druk**.
82. Eigenlijk wil **ik** dat niet.
83. **Zoek** je de sleutels?
84. We hebben geen ruimte om te studeren.
85. Vijf uur geleden waren we in de klas.
86. Hij spreekt al goed **Nederlands**.
87. Iedereen gelooft dat.
88. Na het restaurant gaan we op **café**.
89. Ik vind dat boek **interessanter**.
90. De mensen **denken** dat het gemakkelijk is.
91. De werkenden studeren niet veel.
92. Dat is zo omdat hij **veel** werkt.
93. Mijn neefje zijn vader is mijn **broer**.
94. **'s Avonds** ga ik voetbal spelen.
95. De jeugd moet meer werken.
96. **Na** de wedstrijd gaan de spelers douchen.

97. Ze verhuren hun appartement.

98. Ze **herhaalt** de woorden.

99. Misschien krijgen **ze** iets later.

100. In Londen gaan **we** naar het theater.

7.2 Solutions

1) op op
2) met
3) op op
4) aan / tegen
5) aan
6) van
7) op naar
8) met over
9) van naar
10) van
11) van
12) op aan
13) om
14) naar
15) met
16) naar
17) voor
18) van tot op
19) naar
20) uit

Chapter 9: index

In Dutch:

aan 3.1.1
aan het 2.3
aantal 4.3.7
achter 3.2.1
afhangen van 2.1
afspreken 4.1.4
afleiden 2.1
afsluiten 4.1.10
al 5.4.5, 5.4.6
algemeen 4.3.13
alle 5.4.6
alleen 5.4.4
allemaal 5.4.6
alles 5.4.6
als 1.6, 1.7
ander(e) 5.1.3
anders 5.1.3
apart 4.3.15
bedoelen 4.2.2
beetje 5.3.8
beginnen 2.5.10
behalve 4.3.15
bekend 4.3.12
bekijken 3.1.5
beloven 4.1.11
bespreken 3.1.5
bestellen 2.5.7
betalen 2.5.7
betekenen 4.2.2
betreffen 5.4.12
betrokken 5.4.12
betrouwbaar 5.1.7
bevrijden 4.3.9
bezet 2.3
bezig 2.3
bezoeken 4.1.5
bijvoorbeeld 5.3.11
binnen 5.4.10
binnenland 5.1.9
blij 5.1.5
bovenaan 4.3.14
bovenop 4.3.14
bril 4.2.7
buiten 5.4.10
buitenland(se) 5.1.9
bureau 4.2.5
café 4.2.3
camping 4.3.11
concluderen 4.1.9
connectie 4.2.11
cursus 4.2.1
dat 1.4, 2.5.6
denken 2.5.6, 3.1.1
dezelfde 5.3.4
die 1.4
directie 4.2.5
dochterbedrijf 4.2.5
doen 4.1.1
door 1.7
druk 2.3
duidelijk 4.3.4
duren 4.3.3
dus 4.3.2
eens 5.3.6
enige 5.4.4
enkel 5.4.4
fameus 4.3.12
gaan 3.1.2, 4.1.2
gedaan 4.3.4
gedurende 4.3.3
geen 5.4.1
gekend 4.3.12
geleden 5.1.4
geloofwaardig 5.1.7
geloven 4.1.11
geluk 5.1.5
gelukkig 5.1.5
generaal 4.3.13
genieten 3.1.4
glas 4.2.7
graag 2.5.3
gratis 4.3.9
half 5.1.6
handtekenen 4.1.7
heersen 4.1.12
hen 5.2
helft 5.1.6
herhalen 2.5.12
herinneren 2.5.4
het 5.3.1, 5.3.2
hetzelfde 5.3.4
hoe 4.3.1
hoeven 2.5.10
houden van 2.5.3, 3.1.4
huis 5.3.4
hun 5.2
huren 2.5.9
iedereen 5.4.6
iets 5.4.14
in 3.2.3
indruk 5.3.7
indrukwekkend 5.3.7
inspannen 2.1
jeugd 4.2.12
jong 4.2.12
jonger 4.2.12
jongen 4.2.12
jongere 4.2.12
juist 4.3.6
kamer 4.2.1

kamperen 4.3.11
kantoor 4.2.5
karakter 4.2.8
keer 5.3.6, 5.3.9
kennen 2.5.4
klaar 4.3.4
klas 4.2.1
koers 4.2.1
koffie 4.2.3
komen 3.1.2
kijken 3.1.2
kledij 5.3.10
kleed 5.3.10
kleren 5.3.10
kmo 5.3.14
kwestie 4.1.3
laatste 5.1.4
langskomen 2.1
laten 2.5.8
les 4.2.1
leven 4.1.6
liedje 4.2.4
liever 2.5.3
lokaal 4.2.1
luisteren 3.1.2
maar 5.4.4
management 4.2.5
meeste 5.4.8
meestal 5.4.8
menen 4.2.2
met 3.1.3, 3.2.4
moederbedrijf 4.2.5
na 3.2.1
naar 3.1.2
nadat 3.2.1
natuurlijk 4.3.8
Nederland 4.2.9
Nederlands 4.2.9
neef 4.2.6
nicht 4.2.6
niet 5.4.1
niets 5.4.14

nodig 2.5.10
nog 5.4.5
nummer 4.3.7
oefenen 5.3.13
of 1.3
om de 3.2.2
om het even 5.4.13
om te 1.5
omdat 1.6, 1.7
onbetrouwbaar 5.1.7
ongelofelijk 5.1.7
ongeveer 5.4.9
onderaan 4.3.14
onderschrijven 4.1.7
onderwijs 5.3.12
onthouden 2.5.4
ontmoeten 4.1.4
ontspannen 2.1
ontstoppen 5.1.8
ontwikkelen 2.5.11
op 3.2.3
opleiding 5.3.12
oprecht 4.3.6
opspannen 2.1
opstoppen 5.1.8
opvoeding 5.3.12
per 3.2.2
personage 4.2.8
praktijd 5.3.13
praten 3.1.3
privé 4.3.5
privaat 4.3.5
proberen 2.5.10
reageren 4.1.13
recht 4.3.6
rechtdoor 4.3.6
rechts 4.3.6
regel(en) 4.1.12
repeteren 2.5.12
richting 4.2.5

ruimte 4.2.1
serie 4.2.10
sinds 5.4.5
slagen 3.1.4
solliciteren 4.1.9
sommige 5.4.7
soms 5.4.7
speciaal 4.3.10
spreken 3.1.3
staat 4.2.9
stad 4.2.9
tegen 5.4.11
tekenen 4.1.7
terwijl 1.6
thuis 5.3.4
tijd 5.3.6
tijdens 3.2.2, 4.3.3
toen 1.6
top 4.3.14
tussen 3.2.4
van tot 3.2.2
vanaf 3.2.2
veel 5.1.2, 5.4.3
veranderen 2.5.5
verbinding 4.2.11
vergaderen 2.4
verhuren 2.5.9
verkopen 2.5.9
verleden 5.1.4
verschillen(d) 5.1.3
verstoppen 5.1.8
voor 3.2.1
vooral 4.3.10
voorbeeld 5.3.11
voorbereiden 2.1
voorstellen 2.1
vorig(e) 5.1.4
vragen 3.1.1, 4.1.3
vreemd 5.1.9
vrij 4.3.9
vroeger 5.1.4
wakker 4.1.8

wanneer 1.6, 1.7
want 1.7
wel 4.1.1, 5.1.1
weten 2.5.4
wie 4.3.1
willen 4.1.2
winkelen 2.4

zaal 4.2.1
zanger(es) 4.2.4
zeer 5.4.3
zeggen 3.1.1
zelf 5.3.4
zelfs 5.3.4
zien 4.1.4

zin 2.5.3
zingen 4.2.4
zo 4.3.2
zoals 1.7
zodat 1.6
zoeken 3.1.2, 4.1.5
zou 4.1.2

In English:

adjectives 5.1
against 5.4.11
ago 5.1.4
all 5.4.6
alone 5.4.4
any 5.4.13
apart 4.3.15
apply 4.1.9
approximately 5.4.9
articles 5.3
ask 3.1.1, 4.1.3
because 1.6, 1.7
because of 1.7
believe 4.1.11
busy 2.3
buy 2.5.9
camping 4.3.11
change 2.5.5
character 4.2.8
city 4.2.9
class 4.2.1
clog 5.1.8
close 4.1.10
clothes 5.3.10
coffee 4.2.3
come 3.1.2
comparative 5.4.2
concerning 5.4.12
conclude 4.1.10
conjunctions 1.6, 2.1

connection 4.2.11
course 4.2.1
cousin 4.2.6
credible 5.1.7
deduct 2.1
develop 2.5.11
different 5.1.3
difference 5.1.3
diminutives 5.3.8
direction 4.2.5
do 4.1.1
done 4.3.4
draw 4.1.7
during 4.3.3
Dutch 4.2.9
educate 5.3.12
education 5.3.12
endure 4.3.3
enjoy 3.1.4
especially 4.3.10
even 5.3.4
example 5.3.11
except 4.3.15
famous 4.3.12
foreign 5.1.9
free 4.3.9
future tense 4.1.2
general 4.3.13
glass 4.2.7
glasses 4.2.7
go 3.1.2
half 5.1.6

happy 5.1.5
happiness 5.1.5
hide 5.1.8
home 5.3.4
hour 5.3.9
how 4.3.1
if 1.3, 1.7
it depends 2.1
imperative 2.5.8
impression 5.3.7
incredible 5.1.7
indirect speech 1.3
infinitives 1.2
inside 5.4.10
in order to 1.5
inversion 1.1
know 2.5.4
known 4.3.12
last 5.1.4
lesson 4.2.1
like 2.5.3
live 4.1.6
listen 3.1.2
lot of 5.1.2
love 2.5.3, 3.1.4
luck 5.1.5
luckily 5.1.5
management 4.2.5
many 5.4.3
meaning 4.2.2
meet 4.1.4
most 5.4.8

much 5.4.3
negative 5.4.1
need 2.5.10
nothing 5.4.14
nouns 5.3
number 4.3.7
niece 4.2.6
office 4.2.5
other 5.1.3
once 5.3.6
only 5.4.4
outside 5.4.10
pass 3.1.4
past participles 1.2
past tense 2.2
pay 2.5.7
plural 5.3.9
politeness 5.4.15
practice 5.3.13
prefer 2.5.3
present continuous 2.3
previous 5.1.4
private 4.3.5
promise 4.1.11
pronouns 5.2

question 4.1.3
react 4.1.13
ready 4.3.4
remember 2.5.4
rent 2.5.9
repeat 2.5.12
right 4.3.6
room 4.2.1
rule 4.1.12
same 5.3.4
search 3.1.2, 4.1.5
self 5.3.4
separable verbs 2.1
series 4.2.10
sign 4.1.7
since 5.4.5
sincere 4.3.6
sing 4.2.4
singer 4.2.4
SME 5.3.14
so 4.3.2
some 5.4.7
something 5.4.14
sometimes 5.4.7
song 4.2.4

space 4.2.1
speak 3.1.3
special 4.3.10
state 4.2.9
still 5.4.5
subordinate clauses 1.4
such 4.3.2
superlative 5.4.2
talk 3.1.3
the Netherlands 4.2.9
their 5.2
think 2.5.6, 3.1.1
time 3.2.2, 5.3.6
top 4.3.14
traffic jam 5.1.8
wake up 4.1.8
watch 3.1.2
well 5.1.1
when 1.6, 1.7
who 4.3.1
yet 5.4.5
young 4.2.12
youth 4.2.12

Chapter 10: More Dutch

Interested to learn more Dutch? Head over to

-my website learnanylanguages.com/dutch/

-my private lessons bit.ly/2WvnsdI ($10 extra on bit.ly/2wojJ39)

This helpful tool puts your translations into context:

context.reverso.net/translation/english-dutch/

The final word – About the author

We're at the end of the book - congratulations, hope you have learned a lot of Dutch.

About the author

Curiously, when Alain de Raymond was young, many language teachers told him he wasn't so good at languages. His Dutch was poor. His English teacher even advised him to follow extra courses.

He discovered he loved languages when he went to Germany in 2010. He had some basic German skills but started to speak in German from day one. What he got in return was amazing: friendship, love, respect and a good level of German. Since then, he's passionate about languages.

Now he's proud to be able to express himself in French, Dutch, English, German, Maltese, Portuguese and Spanish. And he's always busy learning new languages and teach professionally since 2017.

He also has a life besides languages. He loves economics, politics and all the processes that shape society. He worked in communications a few years and holds 3 degrees: in Journalism, EU Studies and Management.

Made in United States
North Haven, CT
26 November 2022